WISSENSBRINGER VERLAG

1. Auflage 2015

Crivitzer Chaussee 45a
19399 Techentin
www.wissensbringer.de

Lektorat 1: Dr. Jörg Häseler, www.jottha.info
Lektorat 2: Sonja Hafkemeyer, www.textexpert.eu
Bilder: Christian Pursch, www.teml-designs.de

Weitere Informationen unter:
www.wissensbringer.de

ISBN 978-3-9816114-4-1

Herzlichen Glückwunsch an Sie, liebe Leser, welche auf dem Weg zum Glück sind. Herzlichen Glückwunsch für Ihren Mut. Dieser kleine Begleiter wird Ihnen den Weg weisen, Ihnen mit gutem Rat zur Seite stehen, Ihnen den Rücken stärken, Ihnen das Durchhalten leicht machen, Sie motivieren, inspirieren und den ein oder anderen Schubs geben.

Persönliche Widmung

für

von

**Der Sinn des Lebens
besteht darin,
glücklich zu sein.**

Dalai Lama

WISSENSBRINGER VERLAG

Dieses Buch ist meinem Mann gewidmet.
Er ist für mich der stärkste Mensch der Welt.

WISSENSBRINGER VERLAG

Aileen Jörn

Glücks-Tagebuch

Ein glückliches Leben ist keine Glückssache

WISSENSBRINGER VERLAG

Glücks-Tagebuch
Ein glückliches Leben ist keine Glückssache.

Der Anspruch an dieses Arbeitsbuch ist es, Ihr Denken in eine positive Richtung zu lenken und Sie zum Handeln zu bringen. Dieses Buch bietet eine Auswahl an Denkanstößen sowie viele praktische Übungen, welche spannende Aha-Effekte bringen werden. Das Buch ist einfach und verständlich geschrieben. Besonders wichtige Erkenntnisse werden noch einmal aus einem anderen Blickwinkel betrachtet.

Ihnen wird so ein umfassendes Spektrum an Ideen und Möglichkeiten eröffnet. Ich wünsche Ihnen viel Freude beim Lesen und Schreiben in Ihrem persönlichen Glücks-Tagebuch!

Vorwort

Ich weiß, dass es geht. Ich weiß, dass aus Ihrem Leben genau das Leben werden kann, welches Sie sich wünschen. Dieses Büchlein wurde Ihnen vom Leben in die Hände gespielt. Vielleicht haben Sie es geschenkt bekommen oder es wurde Ihnen empfohlen. Eventuell hat jemand gesagt: „Komm, wenn du glücklicher sein willst, dann lies doch mal so was!“
Vielleicht haben Sie dieses Buch gekauft. In einer Buchhandlung lag es plötzlich vor Ihrer Nase und Sie haben es mitgenommen. Vielleicht waren Sie auch schon seit Längerem auf der Suche nach Antworten auf Ihre Fragen, nach Tipps, Übungen und Methoden, nach einer neuen Sicht oder einem Schubs zur Veränderung.
Das Schicksal hat Ihnen dieses Büchlein zugespielt. Nehmen Sie es an! Denn wenn Sie jetzt gerade diese Zeilen lesen, dann seien Sie sich auf jeden Fall sicher, dass Sie bewusst oder unbewusst etwas in Ihrem Leben verbessern möchten. Es gibt keine Zufälle im Leben und so sollten Sie auf dieses Büchlein stoßen.

INHALT

Kapitel 1	Anando	17
Kapitel 2	Was ist Glück?	25
Kapitel 3	Glück durch Veränderung und Gedanken	35
Kapitel 4	Verantwortung	63
Kapitel 5	Anandos Flucht	91
	Mutmachgeschichte \`Samenkörner\`	98
Kapitel 6	Niederlagen, Kriesen, Verlust	101
	Mutmachgeschichte \`Wölfe\`	119
Kapitel 7	Wie denkst du über dich?	121
Kapitel 8	Autosuggestion	129
Kapitel 9	Anando und Joel	135
Kapitel 10	Läuft es rund in deinem Leben?	145
	Mutmachgeschichte \`Brief einer älteren Dame...´	154
Kapitel 11	Anando ist glücklich und dankbar	157
Kapitel 12	Dankbarkeit	167
Kapitel 13	Die Bettler	173
	Mutmachgeschichte \`Volterra\`	176
	Mutmachgeschichte \`Tom und Laura\`	180
Kapitel 14	Freude bereiten	187
Kapitel 15	Lebe dein eigenes Leben!	191
Kapitel 16	Schuldgefühle	197
Kapitel 17	Faktoren des Unglücklichseins	203

Kapitel 18	Vergebung	225
Kapitel 19	Anando verzeiht	233
Kapitel 20	Familienzeit	241
Kapitel 21	Auf wie vielen Hochzeiten	245
Kapitel 22	Kleiner Nein-Ratgeber	251
Kapitel 23	Sich Freude gönnen	255
Kapitel 24	Die Lektionen	257
Kapitel 25	Freundschaften pflegen	261
Kapitel 26	Eines Nachts	263
Kapitel 27	Auf seinen Bauch hören	271
Kapitel 28	Die Herde	299
Kapitel 29	Kamukas Art	309
Kapitel 30	Selbstliebe	313
Kapitel 31	Anuva	327
Kapitel 32	Ziele	333
Kapitel 33	Werte	347
	Mutmachgeschichte \`Muscheln\`	366
Kapitel 34	Wanderungen	369
Kapitel 35	Zweisamkeit macht glücklich	375
Kapitel 36	Saguna und Liem	379
	Mutmachgeschichte \`Wer weiß?\`	382
Kapitel 37	Das Wunder	385
Kapitel 38	Herzlichen Glückwunsch	399
Kapitel 39	Brief von Joel	401

Liebe Leserin, lieber Leser,

damit dieses Buch so einfach wie möglich zu lesen ist, möchte ich gleich zu Beginn zwei Dinge mit Ihnen vereinbaren:

1. Gehirnforscher fanden heraus, dass die Ansprache in der Du-Form leichter für das Unterbewusstsein zu verarbeiten ist als die Sie-Form. Damit du also so viel wie möglich beim Lesen mitnimmst, möchte ich mit dir die Du-Form vereinbaren.

2. Bei diesem Buch handelt es sich um ein Arbeitsbuch, welches „leben" soll. Du wirst immer wieder einen Stift benötigen, daher ist es sinnvoll, dass du dir einen zur Hand legst und diesen gleich benutzt. Markiere die für dich wichtigen Stellen und ergänze die Texte mit deinen eigenen Bemerkungen, Gedanken und Kommentaren.

Anando

Ich bin Anando. Ich bin ein Elefant aus Indien und arbeitete schwer im indischen Regenwald. Meine Aufgabe war es den ganzen langen Tag, Bäume zu schleppen. Du kannst mich auf dem Cover dieses Buches sehen. Es ist ein älteres Bild von mir und wie du siehst, bin ich auf diesem Bild nicht sehr glücklich. Ich bin angekettet.

Zum Bäume-Schleppen verdonnert, verstrich ein Tag nach dem anderen.

Irgendwie zog mein Leben wie ein Film an mir vorbei und ich fühlte mich selbst nicht mal als Beteiligter, sondern eher wie ein Zuschauer.
Wenn am Abend die Arbeit getan war, wurde ich mit einer dünnen Kette an einen Holzpfahl gebunden. Dieser Pflock war gerade mal ein paar Zentimeter tief in die Erde gerammt.
Und als mitdenkender Zuschauer fragte ich mich durchaus: „Warum reißt dieser Elefant jetzt nicht einfach den Pflock aus dem Boden und läuft weg?“

Die Kette ist so dünn, die könnte er eigentlich locker zerreißen und einfach in die Freiheit laufen. Tut er aber nicht. Warum nicht?

Viele Jahre später sollte ich meine Antwort auf diese Frage finden. Ja, du hast richtig gelesen: viele Jahre später. Ich habe tatsächlich diese Situation jahrelang ertragen und hingenommen. Ich hatte Angst und wusste nicht, was ich verändern könnte und was dann aus mir werden würde.

Würde ich ein gutes Wasserloch finden? Was wäre, wenn ich nichts zum Essen finden würde? Würde ich eine Elefantenherde finden? Würde ich wenigstens einen neuen Besitzer finden?

So nahm ich meine Situation hin. Die Angst vor dem Unbekannten ließ mich verharren und so suhlte ich mich in meinem Schmerz und klagte meinen Elefantenfreunden und den anderen Elefantenarbeitern stetig mein Leid.

An einem diesigen Sommermorgen, der bereits heiß, stickig und voller Luftfeuchte begann, kam

mein Reiter auf mich zu und prügelte mit einem dünnen Bambusrohr auf mich ein. Er war in voller Rage und ließ seine ganze Wut an mir aus. Ich brüllte und schrie vor Schmerz, aber es kümmerte ihn nicht. Die dünne Rute schwang immer wieder zischend auf mich nieder, bis mein Fleisch sich teilte. Das Blut spritzte, meine Tränen flossen und meine markerschütternden Schreie bewegten meinen Reiter endlich dazu, von mir zu lassen.

Wie ich später erfuhr, wurde ihm sein Lohn verweigert und die Wut darüber ließ er an mir aus. Zitternd und schluchzend sank ich kraftlos zu Boden. Ich lag zusammengekauert auf dem feuchten, warmen Waldboden und hätte mich am liebsten unsichtbar für jeden weiteren Angriff gemacht. Ach was, unsichtbar … ich wollte mich einfach auflösen und verschwinden. Ob es meinem Reiter dann leid getan hätte?

Als ich mich aus der Perspektive des Zuschauers dort auf dem Boden liegen sah, erweckte dies Erinnerungen in mir – Erinnerungen an mein früheres Leben als kleiner, junger und unbefangener

Elefant. Mein Reiter war schon immer so brutal zu mir und bestrafte mich mit Schlägen bei jeder Gelegenheit. Ich konnte mich erinnern, wie gerne ich als Babyelefant weglaufen wollte. Ich konnte mich erinnern, wie ich mich mit meiner ganzen Kraft gegen die Kette gestemmt hatte. Mein ganzes Gewicht setzte ich ein und erreichte mein Ziel trotzdem nicht. Im Gegenteil: Die Kette scheuerte sich in mein Fleisch und mit jedem Befreiungsversuch wurde der Schmerz größer.

Ich kann die Narben noch heute deutlich an meinem rechten Fuß erkennen. Ich kann mich nicht mehr an den Augenblick erinnern, an dem ich aufgab. Es war wohl ein schleichender Prozess, der mich resignieren ließ.

Und da wurde es mir klar: Die Antwort nach der ich so lange gesucht hatte, lag klar und deutlich vor mir.

„Die Kette ist so dünn, die könnte ich eigentlich locker zerreißen und einfach in die Freiheit laufen. Tu ich aber nicht. Warum nicht?“, dachte ich.

Der Grund: Weil ich seit Kindheitsjahren darauf konditioniert wurde, dass ich mich nicht von den Ketten befreien kann.

Die Kette war zu stark, der Pfahl zu dick.

Und so habe ich mich selbst darauf konditioniert, dass ich gegen die Kette und den Pfahl keine Chance habe.

Und diesen Glauben schleppte ich nun Jahr für Jahr mit mir herum.
Ich verstand, dass, als ich groß war und eigentlich locker abhauen hätte können, ich es schon gar nicht mehr versucht habe.
Mein fester Glaube hatte sich stark verankert: „Brauchst du gar nicht probieren, funktioniert eh nicht …“

Und genau so geht's auch euch Menschen.
Ihr legt in jungen Jahren einige Glaubenssätze an und konditioniert euch in ähnlicher Weise, wie ich es tat.
„Ich kann dies nicht ... Ich kann das nicht …Ich bin

nicht gut genug für ... Ich habe nicht genug für … Ich muss mich so und so verhalten …“
Und wann immer du auf die Idee kommst, aus diesem System auszubrechen, kommt dein Kopf daher und mahnt dich: „Nein, brauchst du gar nicht machen, hat eh keinen Zweck …“
Wenn du nicht, so wie ich, Anando, ewig an deine alten Glaubenssätze angekettet sein willst, fang besser heute damit an, dich von ihnen loszureißen. Wie das geht und wie du diese unsichtbaren Ketten aus der Vergangenheit auflöst, erfährst du in diesem Arbeitsbuch.

Ich, Anando, habe es auch geschafft und helfe dir dabei. Lass dich darauf ein und folge mir in eine glückliche Zukunft!

Ich möchte mein Wissen zum Thema Glück mit dir teilen und habe dies in diesem Buch zusammengetragen. Ich habe nicht alles selbst erfunden. Hier teile ich meine Geschichten und Erfahrungen, meine Einstellung und meine Gedanken zum glücklichen Leben mit dir. Auch ich wähle jeden Tag meine Einstellung neu. Was

aber nicht bedeutet, dass ich ein perfektes oder reibungsloses Leben führe. Auch ich ertappe mich immer wieder mal dabei, wie ich mit mir selbst nicht gut umgehe. Die hohe Kunst ist es, dies zu erkennen und wieder auf den richtigen Weg zurückzukehren. Also pass immer darauf auf, was du denkst und in welche Richtung diese Gedanken gehen!
Du kannst dieses Buch von vorne bis hinten lesen oder auch quer. Orientiere dich dabei an den unterschiedlichen Farben. Du kannst Stellen überspringen oder sie immer wieder von vorne lesen – wie es dir beliebt. So ist ja auch das Leben. Es läuft nicht immer nach Plan und in geordneten Bahnen. Dies zeigt dir auch meine eigene Geschichte. Und genau das macht das Leben doch spannend und lebenswert! Oder?

Ergänze jeden Tag: „Heute ist ein guter Tag, weil ..."

Und los geht es! Auf ins Glück!!!

Was ist Glück?

Ja, was ist überhaupt Glück?
Prinzipiell gilt, dass wir fast alle Dinge in unserem Leben tun, um glücklicher zu werden. So hast auch du in dieses Buch investiert, weil du annimmst – und das zu Recht –, dass dich dieses Buch glücklicher macht. Selbst die Zeit, die du gerade jetzt beim Lesen investierst, investierst du, damit du noch glücklicher wirst.
Das Glück beziehungsweise das Glücklichsein sind also ein Antrieb für unser Tun – ein Wert.

Wir tun die Dinge, die wir tun, um glücklicher zu sein, ohne uns klar darüber zu sein, was Glück überhaupt ist.

Genau dem wollen wir in diesem Buch gemeinsam auf den Grund gehen.

Was für ein Auto das Benzin, ist für den Menschen das Glück: Es gibt dir Kraft und spornt dich an. Es lässt dich starten und durchhalten.

Was macht dich glücklich?

In Deutschland ist Glück häufig an Besitztümer gebunden und geht mit dem Wenn-Dann-Denken einher.

Viele sind dem sogenannten Wohlstandsparadox verfallen. Dieses zeigt auf, dass trotz einer Einkommenssteigerung in westlichen Gesellschaften während der vergangenen 50 Jahre die davon begünstigten Menschen kaum glücklicher geworden sind.
Oft sehen sie ihr vorhandenes Glück, ihre Lebensqualität nicht und streben nach den falschen Werten. Es ist so einfach, glücklich zu sein und wir können es alle. Ich habe es nicht neu erfunden und lade dich ein, das Bekannte neu zu entdecken.

Wenn ich erst einmal ... habe, dann bin ich glücklich. Wenn dieser Besitz dann dir gehört, fühlst du einen Glücksmoment und Glückshormone werden ausgeschüttet.
Je schwieriger die Erlangung war, desto mehr freuen wir uns. Meist merken wir dann kurze Zeit später,

dass das Gefühl nachgelassen hat und dann streben wir einem neuen Besitztum entgegen.

Wenn ich erst einmal das und das Handy besitze, dann bin ich glücklich.
Wenn ich erst einmal das und das Auto besitze, dann bin ich glücklich.
Wenn ich erst einmal das und das Haus besitze, dann bin ich glücklich.

Im Englischen gibt es dafür zwei Begrifflichkeiten, die ich gern aufgreifen möchte: „luck" und „happiness". Dies ist sehr spannend, denn ganz viele Menschen streben den Luck-Faktoren hinterher.
Nach dem glücklichen Augenblick merken sie dann, dass das Gefühl nachlässt und schon geht es auf die Reise zum nächsten Luck-Moment.
Viele Menschen streben also den Glücksmomenten hinterher und empfinden dann Glück, wenn sie das gewünschte Ergebnis in den Händen halten, also das Ziel erreicht haben. Um jetzt mehr Glück zu empfinden, ist es also ganz einfach, du musst dir nur ganz, ganz viele Ziele stecken – bums – schon bist du permanent glücklich. Das war natürlich Ironie,

obwohl viele Menschen so leben.
Sie laufen immer schneller im Hamsterrad, um so viele Dinge zu erreichen, dass ein permanenter Glückszustand erreicht wird.

Doch wie heißt ein berühmtes Sprichwort? Der Weg ist das Ziel!
Eine Freundin sagte es einmal mit ihren eigenen Worten zu mir „Glück gibt es für mich nicht, sondern nur glückliche Augenblicke."
Das fand ich irgendwie sehr traurig.

Viele Menschen denken, dass Geld glücklich macht. Eine Frage dazu an dich. Du hast in deinem Leben schon sicher einmal eine Einkommenserhöhung erlebt. Ob nun vom Taschengeld zum Lehrlingsgeld oder vom Nebeneinkommen als Schüler/Student zum monatlichen Gehalt. Eine Lohn- beziehungsweise Gehaltserhöhung hast du wahrscheinlich schon einmal erhalten oder als Selbstständiger eine Gewinnerhöhung in den Geschäftsjahren. Meine Frage nun: Wie lange hat der Glücksmoment angehalten, in dem du dich über deine Einkommenserhöhung gefreut und Glück

empfunden hast? In der Regel sind diese Augenblicke kurz. Über eine Lohn- oder Gehaltserhöhung freuen sich die Empfänger bis zum Lesen des Lohn- oder Gehaltszettels. Meistens endet die Freude damit, dass sie erkennen, was dann unterm Strich, also als Netto, auf dem Konto landet.

Maximal hält dieses Glücksgefühl zwei Monate an. Dies wird mir immer wieder berichtet.
Dann ist das Mehreinkommen schon wieder „normal“ und der Empfänger fragt sich, wann es wohl die nächste Erhöhung gibt.

Es gibt immer wieder Personen, die kurzzeitig Glück über die neue materielle Lebensqualität empfinden. Dann merken sie jedoch schnell, dass sich das Leben nicht groß ändert und empfinden dann sogar Frust oder Ärger. Und das, obwohl sie mehr Geld in der Tasche haben als zuvor.
Nun werden einige Leser aufstöhnen. Doch schauen wir uns die „Glücklichen“ an, welche unverhofft ganz viel Geld erhielten, also Lottogewinner. Die FAZ berichtet in ihrem Artikel „Hilfe, ein Lottogewinn“ vom 26. September 2005, dass rund 80 Prozent der

Lottogewinner nach nur zwei Jahren wieder bei null oder sogar im roten Bereich stehen.

In einem Artikel des Focus gibt der Sozialpädagoge Christoph Lau, welcher eine Befragung von Lottomillionären durchführte, an, dass das Glücksgefühl nicht länger als ein Jahr anhält und sich dann sogar eine Erfüllungsmelancholie einstellt.

Im Fernsehen hörte ich vor vielen Jahren mal einen kleinen Jungen in einer Fernsehsendung etwas sagen, was sich mir bis heute eingebrannt hat. Er sagte: „Meine Mama sagt immer, dass Geld nicht glücklich macht. Mein Papa sagt immer, dass er ohne Geld auch nicht glücklich ist. Wenn wir also mit oder ohne Geld unglücklich sind, dann doch lieber mit Geld.“ Dies fand ich vor vielen Jahren schon zutreffend, es ist egal, wie viel Geld du besitzt, glücklicher wirst du dadurch nicht.

Wie kann es denn sein, dass Deutschland zu den mächtigsten und wohlhabendsten Industrienationen der Welt gehört, sich aber beim Thema Glück jedoch eher im Mittel- beziehungsweise im unteren Feld

befindet?
Wer das Glück im Außen sucht, läuft sein Leben lang irgendwelchen Dingen hinterher.

Wenn Kinder glücklich machen, sind dann alle Eltern glücklich? Wenn Geld glücklich macht, sind dann alle Reichen glücklich?
Wenn ein Partner oder eine Partnerin glücklich macht, sind dann alle in einer Beziehung lebenden Menschen glücklich?
Wenn Beliebtheit glücklich macht, sind dann alle Stars glücklich?

Dies könnte ich mit allen möglichen Dingen fortsetzen. Du könntest alle Dinge besitzen, von denen du jetzt gerade denkst, dass du sie zum Glück brauchst, und doch wirst du dann kaum ein Stück glücklicher sein.
Solange du dein Glück im Außen suchst, wirst du nie glücklich sein.

Dazu habe ich für dich ein Sprichwort, welches dies sehr passend beschreibt:

**Wer mit dem, was er hat,
nicht glücklich ist,
wird mit allem,
was er bekommt,
auch nie glücklich sein.**

Gereon Jörn – Der Menschler®

Glücksmomente erlangst du durch Dinge von außen.
Glückseligkeit nur durch dein Inneres.
Im Englischen wird es „happiness“ genannt.

Glücklichsein beziehungsweise Glückseligkeit ist eine Frage der Einstellung, nicht des Besitzes!

Es ist also keine Frage, welche Dinge du erlebst, sondern wie du diese Dinge erlebst und was du darüber denkst!

Es sind nicht die Dinge im Leben,
die uns glücklich
oder unglücklich machen,
sondern die Art und Weise,
wie wir mit diesen Dingen umgehen.

Glück durch Veränderung

Glücksmomente sind dann besonders hoch, wenn sich ein langer Traum erfüllt beziehungsweise du zum ersten Mal etwas erlebst. Du empfindest bei der gleichen Sache nicht noch einmal ein so hohes Glück.
Ein Beispiel: Du gewinnst ein Auto im Wert von 100.000 Euro und freust dich wie wahnsinnig darüber. Einen Monat später gewinnst du das gleiche Auto noch einmal. Natürlich wirst du dich jetzt auch freuen, doch nicht mehr im gleichen Maße wie beim ersten Mal. Es werden weniger Glückshormone ausgestoßen.

Obwohl wir Dinge erleben, die uns beim ersten Mal vor Glück haben schwindelig werden lassen, ist genau die gleiche Situation beim zweiten oder dritten Mal nicht mehr so positiv für uns.
Daraus folgt, um wieder solche Emotionen zu fühlen, dass es neue Dinge zu erleben heißt - auch wenn dies nun bedeutet, dass du deine Komfortzone verlassen und deinen inneren Schweinehund überwinden musst. Wenn du immer wieder tolle

Glücksmomente erleben willst, erlebe Neues! Oder wie die Amerikaner sagen: „Come out of the box!"

Albert Einstein hatte dazu eine treffende Formulierung: „Immer wieder das Gleiche tun und ein anderes Ergebnis zu erwarten, ist paradox." Wenn du immer wieder das Gleiche tust und dich dabei nicht glücklich fühlst, grenzt das an Wahnsinn. Willst du etwas anderes fühlen, also mehr Glück, ändere etwas!

Wenn du dabei nicht die Situation ändern willst, dann zumindest deine Einstellung dazu! Wenn du glücklicher sein willst, ändere als Allererstes dein Denken.

Jedes Gefühl, welches in uns entsteht, hat eine Ursache. Die meisten Menschen suchen diese Ursache im Außen. Dadurch wirst du allerdings nur ein Spielball deiner Umwelt. Wie kann es sein, dass ein und dieselbe Situation bei einem Menschen Stress auslöst und es einen anderen Menschen weniger berührt? Beispielsweise entsteht durch einen Stau in der einen Person Frust oder sogar

Wut und einer anderen Person ist es total egal. Es ist nicht die Situation, die bestimmt, wie es dir geht. Es ist immer deine Einstellung zu dieser Situation.

Glück ist keine Frage von Situationen, die in deinem Leben passieren, sondern Glück beginnt im Denken. Das sagte übrigens auch schon Goethe:

Achte auf deine Gedanken! Denn sie bestimmen, was du fühlst! Achte auf deine Gefühle!
Denn sie bestimmen, was du tust!
Achte auf deine Taten!
Denn sie bestimmen deinen Charakter!

Du willst mehr Glück empfinden?
Übernimm als Erstes Verantwortung für dich und deine Gefühle, also für deine Gedanken!

Glück durch Gedanken

Alles, was du fühlst, hat seinen Ursprung in dem, was du denkst! Daraus folgt: Wenn du positiver denkst, wirst du auch positiver fühlen. Du kannst nur das aus einem Glas trinken, was du vorher hineingegossen hast.

Jetzt lass uns doch einmal betrachten, was sich viele Menschen so „einschenken“! Manche Menschen sind so schmerzpervers; sie lassen sich durch einen Radiowecker wecken. Sie liegen so schlafend und träumend in ihrem Bettchen, das Unterbewusstsein verarbeitet noch die tollsten und fantasievollsten Dinge, dann schaltet sich – schrill und ohne Vorwarnung – der Radiowecker ein und bringt die schlimmsten Horrormeldungen von Kindesentführungen, Wirtschafts- und/oder Finanzkrise, Autounfällen, Politikskandalen, Gewaltverbrechen, Steuererhöhungen, schlechtem Wetter und Stau auf den Straßen. Mit welcher Art von Gedanken startet solch ein Mensch wohl in den Tag? Ich meine ja nie dich, sondern immer nur die anderen. :-)

Der Wahnsinn geht jetzt weiter – Frühstücksfernsehen und/oder Zeitung lesen. Dann wird auf dem Weg zur Arbeit wieder das Radio angeschaltet und wieder hören sie die negativen Neuigkeiten des Tages.

Und jetzt kommen diese Menschen an ihren Arbeitsplatz, strahlen über das gesamte Gesicht, sind hoch motiviert und total glücklich. Stimmt's?

Jetzt gibt es sicher spannende Reaktionen unter euch Leserinnen und Lesern. Die einen stimmen nachdenklich zu und schmieden schon Pläne für Veränderungen, schauen also, was sie aus dieser Information für einen Vorteil schöpfen können. Andere Leser wollen lieber an ihren Gewohnheiten festhalten und argumentieren nun innerlich dagegen. Beispielsweise mit Gedanken wie: „Ich lasse mich doch nicht von den täglichen Nachrichten runterziehen."

Du kannst dir aussuchen, zu welcher Gruppe der Leser du gehören möchtest! Bewertest du nun die Aussagen oder verwertest du diese?

„Immer wieder das Gleiche zu tun und ein anderes Ergebnis zu erwarten, ist paradox." Albert Einstein, den ich gern wiederhole. Frage dich selbst! Bist du Be- oder Verwerter?

Ich bin nicht grundsätzlich gegen Nachrichten. Natürlich gehört es dazu, Bescheid zu wissen und informiert zu sein. Doch hinterfrage dich bitte, ob es sinnvoll ist, mit dieser Nachrichtenflut in den Tag zu starten! Paracelsus meinte schon: „Ob dich ein Medikament heilt oder es dich als Gift tötet, ist immer eine Frage der Dosierung."
Gerade morgens beim Aufwachen und abends vor dem Einschlafen ist dein Gehirn in einem sehr entspannten Zustand und leitet die Informationen direkt an dein Unterbewusstsein weiter!

Wenn du einen Film schaust, egal welches Genre du bevorzugst, hat das auch immer einen Einfluss auf dich. Bei Liebesfilmen kullern die Tränen, bei Actionfilmen zucken wir zusammen, bei Horrorfilmen bekommen wir Gänsehaut und so weiter. All diese Eindrücke während eines Films

sind nicht real. Doch unser Unterbewusstsein unterscheidet dies nicht und unser Körper reagiert darauf, als wäre alles echt.

Ähnlich verhält es sich mit Nachrichten.
Du kennst bestimmt die Situation: Du hörst dein Lieblingslied im Auto, drehst die Lautstärke hoch, du singst mit, strahlst über das ganze Gesicht und es geht dir gut. Wenn also ein positives Lied positive Emotionen in dir wecken kann, können auch negative Informationen negative Emotionen in dir wecken. Die beste Zeit für Nachrichten ist tagsüber, nicht morgens und auch nicht abends. Ich habe Leserstimmen erhalten, welche dies als einen sehr lebensverändernden Tipp bestätigen.

Das gleiche Schauspiel geht am Abend weiter: In manchen Familien scheint ein unbenannter, unterbewusster Wettkampf ausgebrochen zu sein. Sieger dieses Wettstreits ist, wer den schlimmsten Tag hatte. Dementsprechend bestimmen die Dialoge beim Abendbrot die schlechten Zensuren, die Eintragungen bei den Klassenbüchern, die übelgelaunten Kunden, die drangsalierenden

Kollegen oder der nervige Vorgesetzte. Wer wird dort mit an den Tisch gelassen?
Nun wird das Kind mit einem „Schlaf schön und träum süß!“ ins Bett geschickt. Ah ja, jetzt weiß der Nachwuchs, worauf er sich schon einmal freuen kann.
Den Erwachsenen reicht es oft noch nicht. Der Fernseher wird angeschaltet und dann schauen sie nochmals Nachrichten, Serien, welche Gewaltverbrechen zum Inhalt haben, Verbraucherschutzsendungen mit den Themen, bei denen die Bürger gerade gelinkt und abgezockt werden.
Du merkst, worauf ich hinaus möchte? Den ganzen Abend füllen wir das Glas mit negativem Input und wollen dann vom positiven Glück träumen. Wie soll das gehen?

In der Regel sind es immer wieder die gleichen beiden Verhaltensmuster, die viele Leben bestimmen.

1. Wir erleben eine Vielzahl von positiven Dingen und filtern dann nur das Negative heraus. Ein Beispiel: Du hast 100 Kundenkontakte am Tag.

99 verliefen klasse. Ein Kunde konnte sich nicht benehmen, hat seinen Frust bei dir abgelassen und dich sogar persönlich beleidigt. Von wem erzählst du beim Abendessen?

2. Welche Art von Gedanken lässt du kurz vor dem Einschlafen zu?

Genau an diesen Punkten setzt dieses Buch – dein persönliches Glücks-Tagebuch – an!
Je bewusster dir die tollen Dinge des Tages sind, desto mehr positive Gedanken hast du und desto mehr Glück wirst du empfinden!

Wenn du deine Gedanken änderst, ändern sich deine Emotionen. Du wirst mehr Glück empfinden. Änderst du deine Emotionen, ändern sich deine Taten und dadurch dein Leben!

Es lohnt sich, glücklicher zu sein! Zum einen wirst du das Ding namens Leben viel positiver erleben und zum anderen hast du auch noch mehr davon, denn eine Grundeigenschaft von über 100-Jährigen ist die, dass sie mit dem, was sie haben, glücklich sind.

Lass uns also an deinem Denken arbeiten! Schreibe jeden Abend unmittelbar vor dem Schlafengehen auf, was dir heute Schönes und Positives am Tag passiert ist. Welche Erfolge hast du erzielt? Welche Erkenntnisse hast du gewonnen? Welche tolle Begegnung hattest du? Damit gibst du deinem Unterbewusstsein anderes „Futter“ für die Nacht. Denn dann verarbeitet dein Unterbewusstsein die Dinge des Tages und ganz besonders auch die Dinge, die du vor dem Einschlafen gedacht hast.

Jede Wirkung hat immer eine Ursache. Du setzt eine neue Ursache und wirst eine neue Wirkung erhalten. Gehirnforscher fanden heraus, dass ein Großteil der Gedanken, die wir denken, die Gedanken vom Vortag sind. Nun denkst du jeden Tag einige positive Gedanken mehr und über kurz und lang werden sich deine Gedanken und deine Art zu denken grundlegend ändern. Letztlich entstehen aus diesen Gedanken deine Gefühle und die werden wie deine Gedanken immer positiver!

Zusätzlich erhältst du jeden Tag eine weitere Frage, die dir als Ideengeber und Handlungsaufforderung

zur Verfügung steht. Schaffe eine neue Gewohnheit und notiere jeden Abend mindestens drei positive Ereignisse des Tages! Schreibe es einfach auf!

Nichts ändert sich, außer du änderst dich!
Je häufiger du in dein Glücks-Tagebuch schreibst, je schneller wird sich das Positive in deinem Leben vermehren.

Fang an! Jetzt! Sofort!

Du bist heute das,
was du gestern gedacht hast.

Du streust täglich die Saat deines Lebens.

Was ist mir heute Tolles passiert?

- hatte Idee, wie ich Anton kabeln abgewöhnen kann
=> Frotteeschlafanzug - schmeckt nicht
- hab mich mit Renny gut vertragen
- hab das Puzzeln für mich wieder entdeckt

Was möchte ich gerne mal wieder essen?

- riesengroßer fruchtiger Salat

Was ist mir heute Tolles passiert?

Wie lautet mein Lieblingszitat?

Was ist mir heute Tolles passiert?

Welches Lied möchte ich morgen gern hören?

Was ist mir heute Tolles passiert?

Wo möchte ich mal wieder Urlaub machen?

Was ist mir heute Tolles passiert?

Worüber lache ich gern?

Was ist mir heute Tolles passiert?

Wo möchte ich gerne einmal leben?

Was ist mir heute Tolles passiert?

Wer ist mein Vorbild? Warum?

Was ist mir heute Tolles passiert?

Was liebe ich an meinem Beruf?

Was ist mir heute Tolles passiert?

Was schätze ich an meinem besten Freund?

Was ist mir heute Tolles passiert?

Worauf bin ich stolz?

Was ist mir heute Tolles passiert?

Wem mache ich morgen ein Kompliment?

Was ist mir heute Tolles passiert?

Was liebe ich an meinem Körper besonders?

Was ist mir heute Tolles passiert?

Was werde ich mir morgen gönnen?

Was ist mir heute Tolles passiert?

Welche neue Frucht werde ich mal ausprobieren?

Wir sind die Meister
unseres Schicksals,
die Kapitäne unserer Seele,
weil wir die Macht haben,
unsere Gedanken zu kontrollieren.

Napoleon Hill

**Es gibt nur eine Sache,
die zu einem aussergewöhnlichen
Leben führt:
Eine aussergewöhnliche Einstellung.**

Anthony Robbins

Verantwortung

Mit dem Glücks-Tagebuch möchte ich vor allem eines: Ich möchte in dir Bewusstsein schaffen; das Bewusstsein dafür, dass die Verantwortung für dein Leben bei dir liegt – nur bei dir ganz allein. Komm aus deinem Hamsterrad heraus und lebe jetzt! Das kannst nur du allein schaffen. Du kannst den Mut und die Kraft dafür aufbringen. Wenn du aufhören willst zu rauchen oder wenn du abnehmen möchtest, kannst nur du allein es schaffen. Keiner kann dir die Verantwortung dafür abnehmen.

In einem Lied von Peter Maffay heißt es: „Der Mensch, auf den du wartest, der bist du“. Dieses Buch wird dich auf diesem Weg begleiten und es dir einfacher machen, diesen Weg zu beschreiten. Gerade an der Ausdauer scheitert es häufig. Unser innerer Schweinehund rät uns davon ab, große Anstrengungen anzugehen. Neues anzugehen und dies durchzuhalten, ist schwierig und anstrengend – davor möchte er uns beschützen.

Mit dem Glücks-Tagebuch gelingt es dir, deinen inneren Schweinehund zu besiegen und aus der Komfortzone auszubrechen.

Dieses Buch ist ein Arbeitsbuch. Sieh es als Begleiter in deinem Prozess, ein glückliches Leben zu finden und zu führen.

Oft liest man ein Buch oder besucht ein Seminar, man ist begeistert und voller Tatendrang. Mal Hand aufs Herz, wie viel von dem, was du dir vorgenommen hast, hast du auch wirklich umgesetzt? Leider verfliegt die schöne Wirkung viel zu schnell und eine ganzheitliche Änderung tritt nicht ein. Forscher haben bewiesen, dass bereits 14 Tage nach einem Seminar nur noch circa 3 Prozent präsent sind. Ist das nicht erschreckend?
Wenn du gut bist, hast du zwei oder drei Ideen umgesetzt. Dieses Tagebuch bietet dir mehr. Die Tipps, Tricks und Methoden werden direkt umgesetzt. Durch die tatsächliche Anwendung werden sich Gewohnheiten einschleichen und eine langfristige Umstellung erfolgt automatisch. Also „learning by doing" mit eigenen Erkenntnissen.

Auf meiner Reise habe ich einmal eine passende Anekdote gehört: Ein Mann schenkte seiner Frau ein bezauberndes Negligé. Die Frau zog es aber nicht an, denn sie wollte auf einen besonderen Moment, einen besonderen Anlass warten. Eines Tages stand der Mann vor der Entscheidung der angemessenen Kleiderwahl für seine Frau. Er gab dem Bestattungsunternehmer das ungetragene Negligé.

Lebe jeden Tag als ein Leben für dich! Du hast die Wahl. Jeden Tag aufs Neue. Sei es dir wert, deine kostbaren Dinge für dich zu verwenden! Teuren Schmuck und gute Kleidung trage immer dann, wenn dir danach ist – auch zu Hause nur für dich!

Belohne dich selbst!

Bleibst du in deinem Trott oder holst du dir deine Belohnung? Genieße dein Leben! Wie oft höre ich, dass die Menschen es sich gut gehen lassen werden, wenn sie nicht mehr arbeiten. Aber warum? Warum nicht schon jetzt? Warum nicht jeden Tag? Egal, ob du 35, 65 oder 85 bist. Jedes der Lebensjahre hat seine eigenen Werte, die es zu erfahren gilt. Wenn sie nicht jetzt entdeckt werden, wird es irgendwann zu spät sein. Diese Erfahrungen wirst du mit deinem

aktuellen Blick auf die Welt nicht mehr machen können. Wir verändern uns permanent und das ist auch gut so.
Warte nicht auf den besonderen Tag oder Moment! Verschiebe nicht dein Glück! Denke an das Negligé. Cross the bridge when you come to it! Lebe im Hier und Jetzt!
Jetzt werden die nach Sicherheit unter euch Strebenden denken, dass du ja nicht blauäugig in den Tag hineinleben kannst. Man muss planen und vorsorgen. Ja, ich gebe euch recht. Absolut! Nur vergiss dabei nicht das Wesentliche: zu leben!
Es liegt in deiner Verantwortung!

Beachte deine regelmäßige Motivation und ernte auch mal die Früchte deiner Arbeit! Nur das gibt dir die Kraft für neue Erfolge.

Jeder Mensch hat andere Maßstäbe und wird seinen richtigen Weg finden. Auch für mich als Elefant sind Belohnungen meine Motivation und mein Kraftstoff.

Meine Empfehlung für dich: Belohne dich!

Gerade wenn du vor unliebsamen Aufgaben stehst, motiviere dich selbst!
Mit zwei einfachen Grundsätzen gehen dir diese Herausforderungen schneller von der Hand.

1. Wie isst man einen großen Kuchen? Stück für Stück. Teile deine großen Aufgaben in einzelne Teilstücke auf und erreiche einzelne Zwischenziele. So arbeitest du auch mit dem Glücks-Tagebuch. Schritt für Schritt zum Glück.
2. Belohne dich beim Erreichen deiner Zwischenziele! Zum Beispiel mit Kleinigkeiten wie einem guten Glas Wein am Abend oder einem leckeren Stück Kuchen. Ein Stück! :-) Die Wirkung geht verloren, wenn du dich danach schlecht fühlst, weil du zu viel gesündigt hast.

Wie heißt es so schön in einem bekannten Spielfilm: „Das Leben ist wie eine Pralinenschachtel. Man weiß nicht, was man erwischt."
Ein schöner Ausspruch, dem ich aber nicht zustimmen kann. Ich weiß, damit könnte ich jetzt Grundsatzdiskussionen über das Schicksal entfachen, aber das Risiko gehe ich gerne ein. Ich

bin fest davon überzeugt, dass jeder seines Glückes eigener Schmied ist. Ich dachte, wir hätten das mit der Verantwortung bereits geklärt?
Du bist für dein Leben, deine Gefühle, deine Familiensituation, deinen Job, deine Leistung, deinen Verdienst, deine Gesundheit und auch für dein Glück selbst verantwortlich.
Können wir nicht alle etwas Großes vom Leben erwarten und es uns dann holen? Der eine mehr, der andere weniger – wie es uns beliebt? Davon bin ich fest überzeugt. Du auch?

Das Leben ist zu kurz, um ängstlich zu sein!

Ich habe meine Fesseln gesprengt. Ich habe es geschafft, die Peinigung und die Gefangenschaft hinter mir zu lassen, und den Mut aufgebracht, in die ungewisse Freiheit zu fliehen. Ja, ich wusste nicht, was mich erwartet und wie ich im unbekannten Teil des Regenwaldes überleben sollte. Ich war mutig und mit Einsteins Worten im Hinterkopf habe ich den Schritt gewagt, denn sonst hätte sich gar nichts geändert.

Immer noch auf dem warmen, pulsierenden Waldboden liegend kam mir die Erkenntnis, dass nur ich alleine meine Situation ändern könnte. Ich brauchte nicht darauf zu warten, dass mein Reiter mich eines Tages freilassen würde oder dass eine wilde Elefantenherde vorbeikäme, um mich mitzunehmen. Ich musste mich schon alleine auf die Suche machen. „Anando, sammle deine Kräfte", sagte ich zu mir selbst. Das Leben ist zu kurz, um ängstlich zu sein. So ging es mir immer wieder durch meinen großen Elefantenschädel. Das Leben ist zu kurz, um ängstlich zu sein. Anando, dein Leben ist zu kurz, du darfst jetzt nicht ängstlich sein! Ich glaube fest daran, dass jeder Mensch auf dieser Welt glücklich und zufrieden sein kann.

Auf meiner Reise in Indien traf ich Menschen auf der Straße, die sich jeden Tag aufs Neue ihren Lebensunterhalt erbetteln mussten.
Diese Menschen sind – weit weg von der materiellen Welt – auf ihre Art glücklich. Es hat mir das große Herz zerrissen, diese Armut zu erleben und gleichzeitig brachte es mir Unverständnis für andere, die trotz Absicherung und geregeltem Leben

jammern und stöhnen. Im Vergleich müssten sie die glücklichsten und zufriedensten Menschen auf der Welt sein.
Aber warum sind sie es nicht?
Warum sind so viele Menschen unglücklich? Wie können sie ihr Glück wieder finden?

Wissen sie überhaupt noch, was Glück für sie bedeutet?

Wissen sie denn noch, was sie glücklich macht?

Was ist Glück für dich?

Bitte erstelle eine Liste mit deinen persönlichen Glücksmomenten!
Denke hierbei an besondere Erlebnisse und Ereignisse in deinem Leben! Wann hast du Glück empfunden? War es die Geburt eines Kindes, die eigene Hochzeit, eine tolle Reise oder ein Fallschirmsprung? Auch kleine Glücksmomente können für dich dazugehören.

Damit dir die Übung leichter fällt, hier ein Auszug kleiner Glücksmomente aus meiner eigenen Liste:

Anandos Glücksmomente:
Ich empfinde Glück, wenn ich eine noch unberührte Bananenstaude für mich ganz alleine finde, wenn mich die Sonne auf dem Rüssel kitzelt, wenn der Wind meine Ohren streichelt, wenn ich Kinder lachen höre, wenn ich Zeit mit Freunden verbringe, wenn es im Dschungel geregnet hat und so gut duftet, wenn ich andere Tiere kennenlerne und so weiter.

Bitte nutze die nächste Seite für deine persönlichen Glücksmomente!

Solltest du mal unmotiviert oder kraftlos sein, lies in deiner Liste der Glücksmomente. Denn was kann dich glücklicher machen, als deine eigenen Glücksbringer?

Was war dein schönster und wichtigster Moment? Denke dich in diesen Moment hinein! Du kannst das Glücksgefühl jederzeit abrufen, wenn es dir mal schlecht geht. Sofort wird es dir mental und physisch besser gehen. Glück lässt sich so wiederholen. Immer und immer wieder.
Nun wird dir auch die nächste kleine Übung leicht fallen.
Bitte überdenke einmal, was Glück für dich bedeutet! Da es dein Glücks-Tagebuch ist und es um dein Glück geht, schreibe deine ganz eigene Definition vom Glück in dieses freie Feld!

Glück ist für mich

Wir würden im Paradies leben, wenn jeder einzelne Mensch auf der Welt nur dafür sorgt, dass er selbst und eine weitere Person glücklich sind!

Gereon Jörn – Der Menschler®

Jedes Mal, wenn du dich aufrichtig freust, schöpfst du Nahrung für den Geist.

Ralph Waldo Emerson

Was ist mir heute Tolles passiert?

Was möchte ich beruflich als Nächstes erreichen?

Was ist mir heute Tolles passiert?

Welches Buch werde ich als nächstes lesen?

Was ist mir heute Tolles passiert?

Wen bringe ich morgen zum Lachen?

Was ist mir heute Tolles passiert?

Womit werde ich mich morgen belohnen?

Was ist mir heute Tolles passiert?

Welcher Künstler bringt mich aktuell zum Schwärmen?

Was ist mir heute Tolles passiert?

Welche Grimasse konnte ich schon immer gut ziehen?

Was ist mir heute Tolles passiert?

Welches Restaurant besuche ich demnächst?

Was ist mir heute Tolles passiert?

Welches ist mein Traumurlaubsziel?

Was ist mir heute Tolles passiert?

Wann plane ich meinen nächsten Verwöhntag – nur für mich?

Was ist mir heute Tolles passiert?

Welche guten Eigenschaften habe ich von meinen Eltern mitbekommen?

Was ist mir heute Tolles passiert?

Welche Gesprächsinhalte schätze ich?

Was ist mir heute Tolles passiert?

Wann gehe ich das nächste Mal zum Tanzen?

Was ist mir heute Tolles passiert?

Wo ist mein liebster Rückzugsort?

Was ist mir heute Tolles passiert?

Wen überrasche ich morgen mit einem Anruf?

Anandos Flucht

Das Feuer der Angst war schon immer groß in mir. Aber das hat mich bisher nicht weitergebracht. Ich bin immer noch hier in dieser Situation. Ich wollte fliehen und in die Freiheit gelangen. Meine Angst aber hielt mich immer zurück. Irgendwie wollte ich einen anderen Weg finden. Einen Weg, der mich mutig machte. Früher als junger Elefant war ich doch mutig? Wo ist dieser Mut geblieben? Irgendwo in mir war er einmal gewesen …
Und da entdeckte ich tief in mir noch ein zweites Feuer. Es war klein und eher ein Lichtlein. Aber es war da. Ich hatte mit klarer Sicherheit zwei Feuer in mir. Das war mein Ausweg. Es gab Hoffnung. Diese Erkenntnis ließ das kleine Lichtlein etwas aufflammen. Nun war der Weg für mich klar. Ich wusste, dass ich mein zweites Feuer entfachen wollte, denn es war das Feuer des Mutes. Diesen Mut wollte ich spüren. Ich brauchte diesen Mut für meine Flucht.
Immer noch aus meiner Zuschauer-Perspektive redete ich mir gut zu! „Anando, du bist ein mutiger, starker Elefant und deine Flucht wird gelingen“,

sagte ich zu mir selbst. „Du wirst es schaffen! Ich habe die Kraft!“ Jeder Gedanke schien wie ein Stück Feuerholz zu sein und so wurde mein Feuer des Mutes immer größer in mir. „Ich werde stark und mutig sein!“ Mein Feuer wuchs und wuchs in mir. „Ich bin für mein Leben verantwortlich!“ „Ich werde mich befreien!“ Ich verbrachte fast die gesamte Nacht damit, meine Kräfte zu mobilisieren. Ich stellte mir vor, wie ich voller Kraft und Energie den Pflock mit Leichtigkeit aus der Erde reiße und mit großen Sprüngen das Lager verlasse. Wie ich schnell und unbemerkt im Unterholz verschwinde, als wäre ich nie hier gewesen. Dieses Bild malte ich in meinen Gedanken immer wieder.

Im Kopf schien also alles schon perfekt geplant zu sein. Jetzt musste es doch ein Leichtes sein, dies auch so in die Tat umzusetzen. „Also los, Anando. Der Zeitpunkt zur Flucht ist gekommen.“ Ich stand auf. Meine Wunden machten sich bemerkbar und der Schmerz zog bis in den kleinsten Winkel meines Körpers. Ich zuckte zusammen, richtete mich dann aber auf. Mein Adrenalinspiegel war so hoch, dass er mich den Schmerz schnell vergessen ließ. Ich stand fest und sicher auf meinen Beinen. „Also los,

Anando!", spornte ich mich wieder an und tat den ersten Schritt. „Ich bin stark und voller Energie!" Es fühlte sich gut an. Der zweite Schritt fühlte sich noch besser an. „Ich bin voller Mut!"

Ich sammelte alle Energie, die mein Körper mir zur Verfügung stellte, und rannte mit voller Kraft los. Aus dem Augenwinkel heraus sah ich, wie sich der Pflock, der mich jahrelang in Angst und Pein gehalten hatte, leicht und problemlos aus der Erde ziehen ließ. Er glitt locker wie aus einem Butterfass heraus.

Wie vom Donner getrieben, stapften meine Beine über den weichen Waldboden. Äste schwangen mir entgegen. Ich musste ihnen ausweichen und versuchte, so gut es ging, unter ihnen durchzukommen. Kleines Gehölz und kleine Äste, die heruntergefallen waren und hier zu verrotten begannen, zerbrachen und knirschten unter meinen Füßen. In der Stille der Nacht war es für mich ein ohrenbetäubend lautes Geräusch und ich hatte Angst, mein Reiter könnte doch aufgewacht sein und die Verfolgung aufnehmen.

Da war sie wieder: die Angst. In diesem Augenblick jedoch spornte sie mich an und ich wurde durch sie schneller. Ist Angst also manchmal gut? Dieser Gedanke kam mir nur ganz kurz, denn ich hatte nun keine Zeit, darüber nachzudenken. Ich musste mich auf meine Umgebung konzentrieren. Wie vom Blitz getroffen, donnerte ich durch das Dickicht. Wie lange war ich schon gelaufen? In welche Richtung bin ich losgestürzt? Wo bin ich?

Ich lief weiter und weiter, bis ich nicht mehr konnte. Es waren wohl Stunden vergangen. Ich fiel schlapp und erschöpft auf den Boden. Hier war es weich und angenehm, da ich auf kühlem, feuchtem Moos lag. Meine Muskeln zitterten vor Erschöpfung und brauchten einen Moment, bis sie erkannten, dass sie sich ausruhen durften.

Ich lag an einem riesigen Baumstamm, schnappte nach Luft und blickte mich um. Über mir war etwas zu erkennen. Dort auf einem dicken Ast schlief eine Affenfamilie. Sie lagen dort so friedlich zusammengekuschelt und schliefen fest.

Meine Augenlider wurden schwer und ich sank wabernd in einen tiefen, festen Schlaf, aus dem ich nie wieder erwachen wollte.

Ich träumte wirres Zeug und konnte die Bilder, welche mir im Geiste erschienen, nicht recht halten und ordnen. Alles war so durcheinander.
Ich sah mich selbst aus der Vogelperspektive durch den Dschungel rasen. Ich sah meinen Reiter, wie er mir Futter bringt. Dann sah ich, wie er mich wütend schlägt. Ich zerre an meiner Kette, der Pflock ist starr und bewegt sich nicht. Die Erde dreht sich und wird zu Butter. Der Pflock löst sich und ist frei. Ich bin frei! Ich bin frei?
Alles wurde schwarz um mich und endlich glitt ich in einen erholsamen und heilenden Schlaf.

Die Welt hat nie eine gute Definition für das Wort Freiheit gefunden.

Abraham Lincoln

Du erfährst nun eine „Mutmachgeschichte“ über zwei Samenkörner, welche ich auf meiner Reise gehört habe und hier wiedergeben möchte.

Es steckten einmal zwei Samen nebeneinander im Boden. Der erste Samen sprach: „Ich will wachsen! Ich will meine Wurzeln tief in die Erde senden. Und ich will als kleines Pflänzchen die Erdkruste durchbrechen, um dann kräftig zu wachsen. Ich will meine Blätter entfalten und mit ihnen die Ankunft des Frühlings feiern. Ich will die Sonne spüren, mich vom Wind hin- und herwehen lassen und den Morgentau auf mir spüren.
Ich will wachsen!“
Und so wuchs der Samen zu einer kräftigen Pflanze.

Der zweite Samen sprach: „Ich fürchte mich. Wenn ich meine Wurzeln in den Boden sende, weiß ich nicht, was mich dort in der Tiefe erwartet. Ich befürchte,

dass mir das wehtut oder dass mein Stamm Schaden nehmen könnte, wenn ich versuche, die Erdkruste zu durchbrechen. Ich weiß auch nicht, was dort oben – über der Erde – auf mich lauert. Es kann so viel geschehen, wenn ich wachse. Es könnte ein Fehler sein. Nein, ich bleibe lieber hier."
So verblieb der Samen in der Erde.

Eines Morgens kam eine hungrige Henne vorbei. Sie scharrte mit ihren scharfen Krallen nach etwas Essbarem im Boden. Nach einer Weile fand sie den wartenden Samen im Boden und fraß ihn auf.

Verfasser unbekannt

Niederlagen, Krisen, Verlust

Die Angst zu versagen, ist eine der größten Ängste. Die Angst vor dem Versagen hält dich zurück, etwas zu tun. Erfolg bedeutet hingegen, mit mehr Informationen neu zu beginnen.
Menschen machen Fehler, lernen daraus und werden erfolgreich. Wenn du Angst davor hast, Fehler zu machen, startest du niemals und alles bleibt so, wie es ist.

Lass uns einmal das Wort „Fehler“ betrachten. Wenn du die Buchstaben neu sortierst, entsteht aus dem Wort FEHLER das Wort HELFER. Wir brauchen unsere Erfahrungen, um uns zu entwickeln. Betrachte doch einmal deine größten Krisen im Leben! Hast du nicht auch nach jeder großen Krise einen gewaltigen Entwicklungssprung gemacht? Nach jeder Krise wusstest du genau, was du nicht wolltest. Genau darum geht es! Es ist nicht schlimm, hinzufallen. Zwei Dinge sind nur schlimm: Zum einen niemals zu beginnen und zum anderen nach dem Hinfallen liegen zu bleiben!

Nimm dir ruhig einen Augenblick Zeit und erinnere dich einmal an deine persönlichen Krisen! Vielleicht hat eine beendete Liebe dir Kummer gebracht oder du bist auf Betrüger hereingefallen. Auch Krankheiten kannst du als Krisen betrachten. Welcher Entwicklungssprung ist daraus hervorgegangen? Was hast du gelernt? Nach einer Erkältung ist dir vielleicht bewusst, dass du die Mütze und den Schal wohl doch hättest tragen sollen. Du bist leichtsinnig gewesen und hast dich nicht um deinen Körper gekümmert. Du hast nur diesen einen. Du hast nur diese eine Maschine. Bitte pflege und warte sie regelmäßig!

Menschen lernen am besten aus Fehlern. Läuft alles gut, findet kaum Entwicklung statt. Auch wenn es eine Lektion auf so harte Art und Weise, wie in Form einer Krankheit ist, ist es eine Chance. Du hast nun die Möglichkeit, etwas in deinem Leben zu ändern. Erkenne deine bisherigen Fehler und nimm sie als Helfer an!

Es gibt eine Geschichte über Thomas Edison, den Erfinder der Glühlampe. Er soll nach dem 5.000. Versuch, die Glühlampe zu vollenden, von einem

Journalisten gefragt worden sein, ob er nicht langsam aufgeben wolle, denn er hätte ja schließlich 5.000 Fehlschläge hinter sich. Thomas Edison soll geantwortet haben: „Junger Mann, ich habe nicht 5.000 Fehlschläge hinter mir, sondern ich fand 5.000 Wege, die nicht funktionieren. Genau das bringt mich 5.000 Wege näher an den einen Weg, der funktionieren wird."
Großartige Geschichte!

Ein tiefer Fall führt oft zu höherem Glück.

William Shakespeare

Doch was ist zu tun, wenn es mal nicht so läuft? Hier ein paar Wege aus der Krise oder dem Verlustgefühl:

1. Betrachte die Zukunft. Welche Tür öffnet sich aus dieser Erfahrung? Welche Chance ergibt sich nun? Es folgt nun eine Veränderung, welche dir neue Glücksmomente bescheren wird, welche du noch nicht kanntest.

2. Öffne dich dem, was nun folgt! Was ist neu? Was bringt es dir?

3. Du gewinnst nun wieder eine Erfahrung.
Welche ist das? Was wirst du in einer ähnlichen Situation beim nächsten Mal anders machen? Oder was tust du, um nicht wieder in diese Situation zu gelangen?

Glücklich ist derjenige, welcher im Unglück das Glück findet! Suche! Glück ist nichts, was du dir erarbeiten musst, sondern du hast ein Recht darauf, welches du mit deiner Geburt erworben hast. Lies genau! Es ist keine Pflicht, sondern ein Recht! Glück ist ein Grundrecht!

**Wenn die Krise alles verfinstert hat,
werden Kinder des Lichts
die Sterne anzünden.**

Phil Bosmans

Was ist mir heute Tolles passiert?

Welches Geschenk hat mir besondere Freude gebracht?

Was ist mir heute Tolles passiert?

Was tue ich als nächstes für mein körperliches Wohlbefinden?

Was ist mir heute Tolles passiert?

Was konnte ich als Kind besonders gut?

Was ist mir heute Tolles passiert?

Was liebe ich an der Natur?

Was ist mir heute Tolles passiert?

Was nehme ich mir für das nächste Wochenende vor?

Was ist mir heute Tolles passiert?

Womit willst Du morgen einen lieben Menschen überraschen?

Was ist mir heute Tolles passiert?

Was ist meine größte Stärke?

Was ist mir heute Tolles passiert?

Wann willst Du das nächste Mal zum Friseur?

Was ist mir heute Tolles passiert?

Welchem Menschen drücke ich morgen auf ganz besondere Art meine Zuneigung aus?

Was ist mir heute Tolles passiert?

Welches Seminar werde ich als nächstes für meine persönliche Weiterentwicklung besuchen?

Was ist mir heute Tolles passiert?

Was ist mein schönstes Urlaubserlebnis?

Was ist mir heute Tolles passiert?

Mit welchem Film werde ich mich belohnen?

Du erfährst nun eine weitere kleine „Mutmachgeschichte“ über zwei Wölfe.

Eine alte Indianerin saß mit ihrem Enkelsohn am Lagerfeuer. Es war schon dunkel geworden und das Feuer knackte, während die Flammen in den Himmel züngelten.
Die Alte sagte nach einer Weile des Schweigens: „Weißt du, wie ich mich manchmal fühle?“ Ihr Enkel blickte sie mit großen, fragenden Augen an.
„Es ist so, als ob da zwei Wölfe in meinem Herzen miteinander kämpfen würden“, fuhr sie mit ihren Gedanken fort, „Einer der beiden ist rachsüchtig, aggressiv und grausam. Der andere hingegen ist liebevoll, sanft und mitfühlend.“ „Welcher der beiden wird den Kampf um dein Herz gewinnen?“, fragte der Junge. „Der Wolf, den ich füttere“, antwortete die Alte.

Verfasser unbekannt

Wie denkst du über dich?

Alles hat mit einem Gedanken begonnen. In meinem Fall war es der Gedanke an die Freiheit durch Flucht.
Ob es die Idee war, aus Strom Licht zu machen oder ein motorisiertes Gefährt zu konstruieren, es begann mit der Idee davon – mit einem Gedanken.
Hier zur Untermauerung einmal einige aufrüttelnde Zahlen: Ihr Menschen denkt am Tag zwischen 50.000 und 70.000 Gedanken. Das Erschreckende daran ist, dass von diesen Gedanken circa 70 Prozent die gleichen Gedanken wie am Vortag sind.
Bitte stell dir die Frage: Wie denkst du über dich? Sigmund Freud würde fragen: „Wie denkt es in dir?“ „Es“ steht für dein Unterbewusstsein. Denkst du positiv oder negativ? Finde es heraus indem du in deinen inneren Dialog hinein hörst. Denkst du: „Ja, mein Leben ist fantastisch und ich bin einer der glücklichsten Menschen unter dieser Sonne!“ oder denkst du: „Ich habe es so schwer. Mein Leben ist so trist. Heute wird ein Schei...tag.“ Wie war oder ist dann dein Tag? Wie wird dein Tag, wenn du denkst: „Es wird ein toller Tag!“?

Wie wird dein Tag, wenn du bereits morgens den Champagner kalt stellst, da du am Abend eh etwas zu feiern haben wirst? Dein Tag wird fantastisch werden! Da sind wir wieder bei deiner Einstellung, die du jeden Tag auf ein Neues wählen kannst und dem Gesetz des Sogs. Was ziehst du an? Ja, es ist so einfach! Und genau deshalb ist es so verdammt gut.

Glück hat mit der persönlichen Entscheidung zu tun, weniger mit den Umständen des Lebens.

Beobachte dich selbst! Wie denkst du über dich? Möchtest du wissen, wie dein Leben ist? Ja? Na, dann schaue es dir an! Wie gestaltest du dein Leben? Wie sieht dein Zuhause aus? Wie sieht deine Gesundheit aus? Wie sehen Partnerschaft und Freundschaften aus? Was ziehst du in dein Leben? Welche Menschen ziehst du in dein Leben? Schau hin!

Wenn du denkst, dass das Leben schwer ist, dann hast du recht. Wenn du denkst, dass das Leben

leicht ist, hast du auch recht. Was denkst du über deine Zukunft? Ich bin auf der Siegerspur? Dann hast du recht! Du wirst morgen das sein, was du gestern gedacht hast. Achte auf deine Gedanken, denn sie werden deinen Weg bestimmen. Bedenke, was bereits Goethe sagte! „Du hast die Macht über deine Gefühle! Werde dir über die Macht deiner Gedanken bewusst und pass auf, was du über dich denkst!“ Darin steckt so viel Potenzial für die Menschen, dass sie es selbst noch nicht fassen können.

Ihr Menschen gebt euch selbst nicht das, was ihr von anderen Menschen verlangt – Liebe. Ihr strebt danach und tut alles dafür, um von anderen Menschen geliebt, geachtet und bewundert zu werden. Und was gebt ihr euch selbst? Was denkst du über dich? Ihr denkt euch herunter. „Ich bin nicht gut genug. Ich bin hässlich, zu dick oder zu dünn, ich bin vergesslich, keiner mag mich und so weiter.“

Was denkst du über Menschen, die über andere schlecht reden und beleidigend sind? Würdest du eine Beziehung führen, in der du nicht geliebt wirst? Und was denkst du ab jetzt darüber, wie du mit dir selbst umgehst? Du bist frei, zu denken, zu sagen und zu tun, was du möchtest. Du bist alt genug! Du bist der Macher deines Lebens!

Grundsatz:
Sei freundlich und höflich zu dir selbst!
Behandle dich gut und mit Respekt!
Du bist einzigartig und liebenswert.

Fällt es dir schwer, auf diese Weise zu denken? Wenn du mit ja geantwortet hast, dann stehen dir eventuell negative Glaubenssätze im Weg. Denke einmal daran, wie es bei mir war. Ich war unglücklich in meinem Leben. Jeder Tag war wie der andere. Zum Bäume-Schleppen verdonnert verstrichen die Tage trostlos. Ich habe meinen Elefantenfreunden aus dem Arbeiterlager gegenüber zwar immer beteuert, wie schlecht es mir geht und wie unglücklich ich bin, aber geändert habe ich nichts. Lange Zeit nicht. In euch Menschen gibt es Glaubenssätze wie „Ich habe das noch nie gemacht und kann das nicht", „Ich bin schüchtern", „Ich kann nicht gut auf andere

Menschen zugehen“ und „Ich bin nicht schön genug“ … Diese Glaubenssätze bremsen dich. Durch das regelmäßige Führen des Glücks-Tagebuchs kannst du neue Glaubenssätze anlegen. Ein weiterer Weg ist die Autosuggestion. Da empfehle ich die Bücher von Dr. Joseph Murphy.

Bei der Autosuggestion geht es darum, sich selbst etwas zu suggerieren; sich selbst beziehungsweise sein Unterbewusstsein bewusst zu programmieren; sich selbst sagen, wie du bist oder sein wirst.

Wenn du einen Horrorfilm schaust, zeigt dein Körper reale Reaktionen darauf. Du schwitzt und hast Angst. Eine Tatsache wird dich jetzt sehr überraschen! Es ist nur ein Film. Dein Unterbewusstsein kann dies aber nicht unterscheiden. Wenn du dir nun täglich das sagst, was du gerne sein/haben/erreichen möchtest, wird dein Unterbewusstsein auch diesen Unterschied nicht erkennen. So wird es Realität.

Kannst du dich daran erinnern, wie ich auf dem Waldboden lag und mir selbst Mut und Tapferkeit zur Flucht zugeredet habe? Das war eine Form von Autosuggestion. Ich habe mir gut zugeredet. Ich habe mir Mut zugeredet. Ich habe mein Feuer des Mutes in mir angefacht und das hat mir die Kraft

und Energie gegeben, es zu schaffen.
Bitte mache eine Bestandsaufnahme davon, was du über dich denkst! Dies kann eine persönliche Hausaufgabe über 3–4 Tage für dich werden. Bitte schreibe deine regelmäßigen Gedanken über dich selbst auf! Was sagst du dir selbst, wenn du zum Beispiel vor dem Spiegel stehst? Schreibe alles gnadenlos auf! Sei dabei ehrlich und beschönige nichts! Deine Liste wird dich erschüttern und dir zeigen, wie gemein und hart du zu dir selbst bist. Nun kehre diese Gedanken ins Positive um. Nimm dir jeden einzelnen Satz zur Hand und formuliere ihn um! Aus „Ich bin nicht gut genug“ wird „Ich bin gut“. Aus „Ich schaffe das nicht“ wird „Ich erreiche meine Ziele“. Aus „Ich bin hässlich und dick“ wird „Ich bin ein wunderschöner, liebenswerter Mensch“. Die positiven Umkehrungen sind ab heute deine Mantras, deine Autosuggestionen!
Jeder Gedanke ist ein Bumerang. Er kommt zurück und trifft dich jedes Mal. Also lass in Zukunft positive Gedanken zurückkommen. Bitte bedenke: Die Welt kommt dir so entgegen, wie du dich selbst behandelst.

Unsere Glaubenssätze sind wie Gummibänder. Sie ziehen dich entweder zurück oder sie wirken wie Katapulte.

Gereon Jörn – Der Menschler®

Autosuggestion

Wie funktioniert sie? Du stellst dich vor einen Spiegel im Abstand von circa 10–20 cm. Da dein Gehirn nach dem Aufstehen am Morgen noch im Alphawellenzustand ist, empfehle ich diese Zeit für die Autosuggestion. Du schaust dich selbst an – gerne direkt in deine Augen – und sprichst deine Suggestionen hörbar aus. Wiederhole sie mindestens 10-mal und das für 21 Tage. Bitte beachte, dass deine Suggestionen in der Ich-Form, im Präsens und positiv formuliert sind! Ein Beispiel für eine ganz schlechte Formulierung wäre: „Ich möchte nicht mehr 100 kg wiegen." Dein Unterbewusstsein kennt Negationen wie das Wörtchen „nicht" oder „kein" nicht. Also sagt es sich: „Keine 100 Kilogramm? Gerne: Hier kommen 110 Kilogramm." :-) Eine gute Formulierung ist: „Ich wiege 90 Kilogramm." Alle drei Faktoren bedacht: positiv, Ich-Form und im Präsens. Die Ich-Form ist entscheidend, damit sich dein Unterbewusstsein angesprochen fühlt. Du bist der einzige Mensch, der zu sich selbst „ich" sagt. Oder? Die Formulierung im Präsens ist für die Zeit der Ausführung entscheidend. Dein

Unterbewusstsein ist wie eine Navigation.
Du gibst das Ziel vor. Wenn deine Formulierung lautet: „Ich möchte mal 90 Kilogramm wiegen, hat dein Unterbewusstsein keinen korrekten Ausführungszeitpunkt. Dann wirst du lange auf die 90 Kilogramm warten.
Für dich zur Hilfe hier einmal einige Formulierungen für mögliche Autosuggestionen:

„Ich bin ein Gewinner!“
„Ich bin gesund!“
„Mein Leben wird von Tag zu Tag und in jeder Hinsicht immer besser, besser und besser!“
„Ich führe ein Leben in Überfluss und Fülle!“
„Ich bin froh und heiter – das Glück ist mein Begleiter.“ „Ich bin glücklich!“
„Ich liebe mich!“
„Ich bin ein charismatischer Mensch, ich bin faszinierend und ziehe Menschen an.“
„Ich bin selbstbewusst und vital.“
„Ich weiß, in dem Moment, in dem es darauf ankommt, wachse ich über mich hinaus.“
„Es ist leicht und macht Spaß, ein gesundes und glückliches Leben zu führen.“

Viele weitere und einige dieser Formulierungen findest du in den Büchern von Dr. Joseph Murphy oder Emile Coué.

Ein weiterer wichtiger Punkt dabei ist, dass dies nur funktioniert, wenn du wirklich schon das Gefühl fühlst, welches du fühlst, wenn du deine Suggestion erreicht hast. Dabei kann dir deine persönliche Motivationshymne, also dein absolutes Lieblingslied, als positiver Anker und Anschub helfen. Für den Fall, dass du nicht alleine wohnst, hier der Hinweis, dein zukünftiges Morgenritual mit deinem Partner und der Familie beziehungsweise den Mitbewohnern zu besprechen.
Warne sie vor, dass es morgens jetzt ein wenig lauter wird.
Diese Technik wird dir dabei helfen, neue Glaubenssätze anzulegen. Sie kann dir auch bei Lampenfieber oder in anderen Stresssituationen helfen. Ich selbst wende Autosuggestion regelmäßig über den Tag verteilt an. Es ist zu einem Teil von mir geworden.
Eine weitere Möglichkeit, um neue, positive Glaubenssätze zu schaffen, ist das Lesen. Lies jeden

Tag in Büchern über Persönlichkeitsentwicklung oder Glück beziehungsweise das Glücklichsein. Auch mit dieser Methode wird sich dein Denken ändern. Du tust also gerade genau das Richtige für deine persönliche Entwicklung und dein Glück.
Und die wichtigste Empfehlung, um Glaubenssätze zu überschreiben, ist: TUN! Komm ins Handeln. Einfach tun und neue Gewohnheiten schaffen. Neues Wissen und neue Ideen sofort umsetzen, bevor die Gedanken verflogen sind. Hast du einen guten Einfall? Es heißt Einfall, weil er einem nur einmal einfällt.
Dann mache dich sofort an die Umsetzung! Schreibe deinen Einfall sofort auf und überlege dir, wie die Umsetzung erfolgen kann! Wie kannst du es sofort anwenden und in Aktion kommen?

Noch ein ganz wichtiger Hinweis für dich: Neurowissenschaftler haben die neuronale Plastizität des menschlichen Gehirns bewiesen. Das bedeutet, dass das Gehirn wie ein Muskel trainiert werden kann und sich anpasst. Du kannst also das positive Denken trainieren und somit die entsprechenden Regionen in deinem Gehirn erweitern und ausbauen. Es ist also bewiesen. Deine Vorstellung führt zu körperlichen Reaktionen. Männer wissen dies eh schon längst. ;-)

Wenn also ein Mensch jahrelang negativ gedacht hat, hat er sein Gehirn dahingehend stark trainiert. Es wird nun also ein intensiveres Workout nötig sein, um die Hirnregionen in die andere, positive Richtung zu trainieren. Dran bleiben!

Das Glück deines Lebens hängt von der Beschaffenheit deiner Gedanken ab.

Marc Aurel

Anando und Joel

Ein Kinderlachen drängte sich in mein Bewusstsein und holte mich aus dem Land der Träume in die Realität zurück.
Die Sonne schien hell und ich blinzelte einen Moment, bis sich meine Augen daran gewöhnt hatten und ich etwas erkennen konnte. Da sah ich einen kleinen Affen, der gelangweilt vom Baum auf mich herunterschaute. Da fiel es mir wieder ein. Ich war geflohen und sehr lange gelaufen, bis ich hier erschöpft zur Ruhe kam. Ja, ich war geflohen. Ich war hier allein. Ich wusste nicht, wo ich bin. Jetzt wurde mir bewusst, was gestern Nacht geschehen war. Ein eigenartiges Gefühl stieg in mir hoch. Es war eine Mischung aus Schuld gegenüber meinem Reiter und die Angst vor dem Ungewissen. Und da war noch etwas anderes. Etwas Starkes, welches sich nun in den Vordergrund drängte. Hunger! Ich hatte Hunger und auch Durst. Wie beruhigend das war. Es zeigte mir, dass mein Körper funktionierte und dafür war ich dankbar. Der Durst wurde plötzlich unerträglich, jetzt, wo er mir bewusst wurde. „Also hoch mit dir, Anando!“, forderte ich mich selbst

auf. Ich horchte in mich hinein und fand keinen Grund, warum ich es nicht wagen sollte. Als ich mich hochraffte, wurde mir eiskalt, schwindelig und es fielen mir auf Anhieb 1000 Gründe ein, warum ich hätte liegen bleiben sollen. Der Schmerz meiner Wunden gab mir einen heftigen Stich und ich hatte große Mühe, mich zu halten. Ich stand wackelig auf meinen Beinen. Ich holte tief Luft, um zu mir zu kommen. „Los, Anando, du schaffst es. Geh los und suche dir Wasser!", sagte ich mal wieder im Geiste zu mir selbst. Voller Überraschung machte mein Körper, was ich zu ihm sagte. Er setzte einen Fuß vor den anderen. Über die Richtung war ich mir selbst noch nicht im Klaren, wagte es aber nicht, stehen zu bleiben, aus Angst, dass ich nicht weiter gehen würde. Und da hörte ich es noch einmal. Das Kinderlachen. Dieses Lachen hatte mich geweckt. Wo kam es her? Ich schätzte die Richtung ab und mein Körper bewegte sich wie ferngesteuert darauf zu. Wieder das Lachen und noch etwas anderes. Ein Rauschen? Ja, es war ein Rauschen. Das Rauschen eines Flusses. Hoffnung und Freude stiegen in mir auf und voller Ungeduld wurde ich schneller. Die Bäume wurden kleiner und dünner und ich konnte eine kleine Lichtung erahnen. Jetzt sah ich den Fluss. Das Wasser floss frisch und lebendig über Steine und Wurzeln dahin. Ich stürzte mich hinein, ich trank und trank und füllte meinen leeren Bauch mit dem herrlich kühlen und belebenden Nass. Mit jedem Schluck fühlte ich mich besser und besser. Meine Kräfte kamen zurück und ich fühlte mich großartig. Ich spritzte Wasser mit meinem Rüssel in hohen Fontänen über mich. Ich fühlte mich wieder wie damals, als ich ein junger Elefant war. Ich war so glücklich und genoss diesen Moment. Das tat so gut. Abgekühlt und gereinigt stand ich im Fluss und blinzelte der Sonne entgegen. Ich war frei!

Ein kleines braunes Augenpaar traf meinen Blick. Jetzt fiel mir das Kinderlachen wieder ein. Ein kleiner Junge stand am Flussrand und beobachtete mich. Seine Augen leuchteten und glänzten vor Freude.

Mein Anblick und die Tatsache, dass ich so in meinem Moment gefangen war, musste ihn selbst auch begeistert und mit Freude erfüllt haben.

Was machte ich jetzt? Ein ausgewachsener Elefant stand wie angewurzelt im Flussbett und wurde von einem kleinen Jungen verunsichert, der nicht mal einen vollen Meter groß war. Während ich noch dabei war, Pläne zu machen, kam er schon auf mich zu und streckte seine kleine Hand aus. Es ging alles so schnell und mir blieb nicht einmal die Zeit, wegzulaufen, da war er schon durchs Wasser gestapft und stand nun direkt vor mir. Als ob es für ihn das Normalste auf der Welt wäre, streichelte er meinen Rüssel und legte seine kleinen Arme darum. Ich war ganz verdutzt und wagte nicht zu atmen. Wieder hörte ich sein Lachen. Es kam tief aus seinem kleinen Bauch. Er schaute mir direkt in die Augen und sprang vor Freude hoch. Er klatschte in die Hände und führte einen kleinen Freudentanz

auf. Dabei spritzte er mit Wasser und warf seine Arme um sich.
Diese Einladung nahm ich gerne an und spritzte eine lange Fontäne in den Himmel. Als das Wasser auf uns herunterregnete, breitete er seine Arme nach links und rechts aus und streckte das Gesicht zum Himmel. Wir genossen gemeinsam das schöne Gefühl des warmen Sommerregens.

„Joel“, hörte ich jemanden rufen und blickte mich um. Am Ufer des Flusses kam ein Mann entlang. Er sah freundlich aus, denn er lächelte. Ob er uns schon beobachtet hatte? Der kleine Junge winkte seinem Vater aufgeregt zu und lief ihm entgegen.
„Papa, Papa, schau mal, der Elefant“, rief er seinem Vater zu und zeigte dabei auf mich. Joel sprang seinem Vater in die Arme und gemeinsam kamen sie zu mir zurück.
Joels Vater war ein recht großer Mann und hatte die gleichen liebenswürdigen, vertrauensvollen Augen wie sein Sohn. Für seine Größe war er sehr schmal, fast dünn. Es war deutlich zu erkennen, dass er hart arbeitete. Mein Reiter war auch sehr dünn, allerdings hatte er keine ausgeprägten Muskeln. Die habe ja ich. Ein kurzer Moment der Traurigkeit überrollte mich. War es richtig, zu fliehen? Was wird nun aus meinem Reiter? Welche Arbeit wird er jetzt finden? Wird er einen neuen Elefanten haben? Schnell verdrängte ich diese Gedanken.
Joels Vater entdeckte meine Verletzungen sofort und schaute mich traurig an. Ihm war wohl gleich klar, was passiert sein musste. Er setzte seinen Sohn ab und kam dicht an meine Seite, um die Wunden

genauer zu begutachten. Er fing an, in seinem Stoffbeutel zu suchen, und zog eine Mango hervor. In diesem Moment wurde mir schlagartig klar, dass ich am Verhungern war. Ich gab einen kleinen Schrei von mir, um meiner Freude über die Mango Ausdruck zu verleihen. Den Schrei konnte Joels Vater sofort richtig deuten, denn nun lächelte er noch breiter und hielt die Mango demonstrativ in die Höhe. Nun drehte er sich um und ging. Er ging!!! Joel und ich schauten beide empört hinter ihm her. „Ich habe doch Hunger", dachte ich erschrocken und automatisch bewegte ich mich hinter ihm her. Da drehte er sich um und lächelte verschmitzt. Aha, das war also sein Plan. Bevor ich darüber nachdenken konnte, welchen Grund dies haben mochte, reichte Joels Vater mir ein großes Stück Mango über seine Schulter. Ich verschlang es auf der Stelle und behielt ihn genau im Auge. Die Überreichung des nächsten Stücks wollte ich nicht verpassen.
So trotteten wir drei ein kleines Stück durch den Regenwald, bis wir ein Dorf erreichten. Hier musste Joel mit seiner Familie leben. Es war ein kleines gemütliches Dorf mit verschiedenen kleinen Hütten und Häusern. Ich konnte Felder hinter dem Dorf

erkennen und wusste nun, dass Joels Vater ein Bauer war. Die beiden führten mich an den Rand des kleinen Dorfes, wo eine Hütte im Schatten der großen Feigenbäume stand. Aus der Hütte kam eine Frau. Sie trug ein Baby auf dem Arm und blickte überrascht bei meinem Anblick, aber nicht erschrocken. Sie war in einem dunkelroten Gewand gekleidet und kam auf uns zu. Joels Vater und sie tauschten liebevolle Blicke und einige Worte. Joels Vater küsste erst sie und dann das Baby auf ihrem Arm. Sie blickte ihn noch einmal voller Liebe an und begrüßte dann ihren Sohn herzlich mit einem zärtlichen Kuss auf die Stirn. In diesem Augenblick wünschte ich mir auch, zu einer Familie zu gehören. Der Wunsch in mir war wohl schon immer sehr groß. Das wurde mir in diesem Augenblick klar und ich beschloss, dass auch ich eines Tages eine Familie haben werde.

**Es gibt nur drei Ereignisse
im Leben eines Menschen:
Geburt, Leben und Tod.
Doch der Mensch merkt nicht,
wenn er geboren wird.
Er leidet, wenn er stirbt und
er vergisst zu leben.**

Jean de la Bruyére

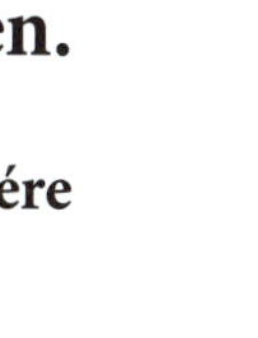

Auf die Balance kommt es an.

Läuft es rund in deinem Leben?

Lass uns einmal ganz rational auf dein Leben blicken. Du stehst im Zentrum. Dein Leben setzt sich aus verschiedenen Bereichen zusammen. Gerne möchte ich diesen Hauptbereichen Namen geben, somit wirst du schnell verstehen, welche Bereiche ich anspreche.
Freunde, Familie, Beruf, Gesundheit, Religion bzw. Spiritualität und Beziehung

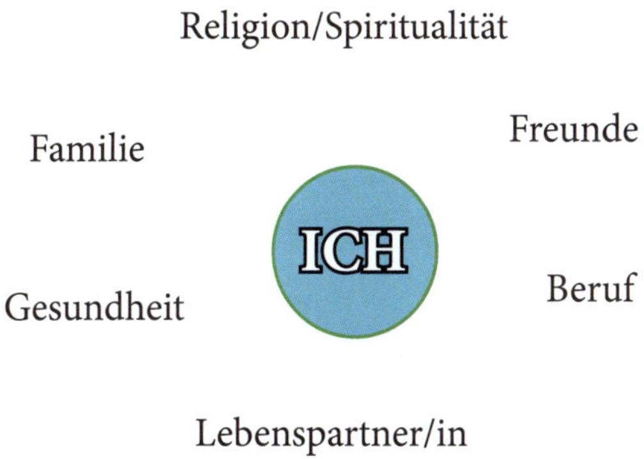

Diese Lebensbereiche sind miteinander verbunden und es sollte dein Ziel sein, dass alle Bereiche ausgeglichen und harmonisch sind. Stelle dir einmal vor, du wirst langfristig krank, beispielsweise durch Depressionen. Die werden doch gern genommen. Dein Bereich „Gesundheit“ ist aus den Fugen geraten. Wie wird sich dies auf deine weiteren Lebensbereiche auswirken? Durch die Depression kannst du deinem Job nicht richtig nachgehen. Du wirst dich auf dich konzentrieren müssen, damit du schnell wieder auf die Beine kommst. Weiterhin wirst du auch deine Freunde und Familie vernachlässigen. Deine Beziehung wird auch betroffen sein. Egal, ob es positive oder eine negative Beeinflussung ist: Die Wichtigkeit der Bereiche verschiebt sich. Dies ist selbstverständlich und auch normal, allerdings kann so eine Situation nicht dauerhaft gut für dich sein. Spiel im Geiste diese Situation weiter. Dein Job bricht durch die Krankheit weg. Die sozialen Kontakte schlafen ein. Du wirst nicht wieder vollends gesund und so weiter.

Ein anderes, viel schöneres Beispiel könnte sein, dass du frisch verliebt bist. In dieser Zeit dreht sich alles nur um deine/n neuen Partner/in. Im Job bist du nur noch halbherzig dabei, deine Freunde und deine Familie vermissen dich. Jeder kennt diese Situation. Jeder weiß auch, dass dies eine schöne Phase ist, welche sich mit einiger Zeit auch wieder normalisiert. Irgendwann hast du auch das Bewusstsein für deine Freunde und Familie wieder und stellst deine/n neue/n Partner/in vor. Die Bereiche werden wieder alle „bedient".

Fühlt sich in deinem Leben alles stimmig an? Fühlst du dich in deinen Lebensbereichen ausgeglichen?

Für viele läuft es nicht rund im Leben, weil sie sich dieser Tatsache nicht bewusst sind. Wie rund läuft dein Leben?

Du hast nun die Möglichkeit, dein eigenes Lebensrad zu erstellen. Diese Übung führt zu einer schönen Visualisierung und ermöglicht dir eine Art der Bestandsaufnahme. Lass dich überraschen!

Im ersten Schritt erhältst du 16 Schlagworte, die du bitte bewertest. Dazu ein Beispiel: Du bist Single und bist mit dieser Situation glücklich. Du findest es sogar super und vergibst damit volle 10 Punkte. Bist du mit der Situation nicht glücklich und wünschst dir einen Partner, vergibst du entsprechend weniger Punkte. Ein weiteres Schlagwort auf der Liste ist

Spiritualität. Wenn du jetzt nicht spirituell bist, damit aber glücklich und zufrieden bist, vergibst du eine hohe Punktzahl. Sollte dies ein Bereich in deinem Leben sein, welchen du ausbauen möchtest und wo du noch unzufrieden bist, vergibst du weniger Punkte.
Bitte bedenke, dass es hier um deine Bereiche und deine Einstellungen dazu geht. Es ist kein Test und du musst dich für keine Bewertung rechtfertigen.

Bitte kreuze an, wie zufrieden du in den verschiedenen Bereichen bist!

	schlecht									super
1. Partner	1	2	3	4	5	6	7	8	9	10
2. Kinder	1	2	3	4	5	6	7	8	9	10
3. Verwandte/Freunde	1	2	3	4	5	6	7	8	9	10
4. Beruf	1	2	3	4	5	6	7	8	9	10
5. Einkommen	1	2	3	4	5	6	7	8	9	10

6. Wohlstand	1	2	3	4	5	6	7	8	9	10
7. Zufriedenheit/Glück	1	2	3	4	5	6	7	8	9	10
8. Spaß und Freude	1	2	3	4	5	6	7	8	9	10
9. Freizeit/Hobby	1	2	3	4	5	6	7	8	9	10
10. Gesundheit/Energie	1	2	3	4	5	6	7	8	9	10
11. Sport/Bewegung	1	2	3	4	5	6	7	8	9	10
12. Ernährung	1	2	3	4	5	6	7	8	9	10
13. Spiritualität	1	2	3	4	5	6	7	8	9	10
14. pers. Weiterentwicklung	1	2	3	4	5	6	7	8	9	10
15. Angstfreiheit/ Mut in die Zukunft	1	2	3	4	5	6	7	8	9	10
16. soziales Engagement	1	2	3	4	5	6	7	8	9	10

Nachdem du nun deine Bewertungen abgegeben hast, überträgst du die Punktzahlen auf dein Lebensrad. Gehe dabei Speiche für Speiche vor – von innen nach außen. Die Mitte deines Rades steht für die Null. Die hellen Kreise nach außen stehen für die entsprechende Zahl. Möchtest du beispielsweise 10 Punkte vergeben, so markierst du den Strahl am äußersten Kreis. Für 5 Punkte markierst du den mittleren Kreis.
Nun verbindest du alle Markierungen miteinander und es entsteht dein persönliches Lebensrad.

Persönlichkeit
13 Spiritualität
14 persönliche
Weiterentwicklung
15 Angstfreiheit
16 soziales
Engagement

Beziehungen
1 Partner
2 Kinder
3 Verwandte &
Freunde

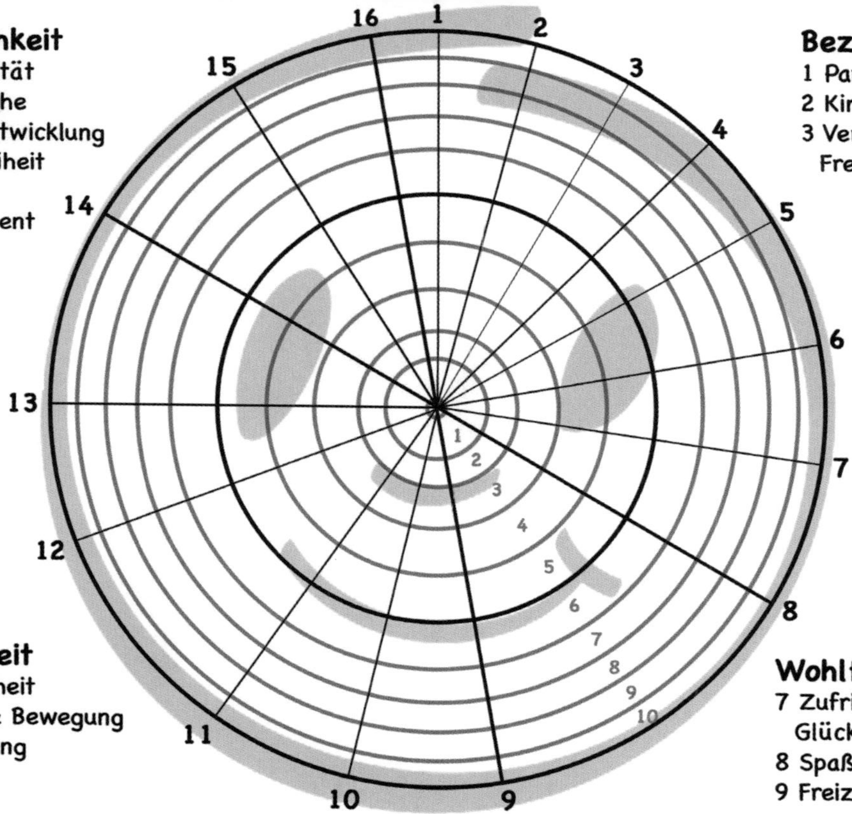

Materie
4 Beruf
5 Einkommen
6 Wohlstand

Gesundheit
10 Gesundheit
11 Sport & Bewegung
12 Ernährung

Wohlfühlen
7 Zufriedenheit
Glück
8 Spaß & Freude
9 Freizeit & Hobby

Es spiegelt deine jetzige Lebenssituation wider. Ist es ein rundes Rad? Könnte dieses Rad für eine Schubkarre genutzt werden? Würde dieses Rad auch laufen, wenn eine Speiche fehlt? Sollte nur eine Speiche fehlen, kannst du mit ausreichend Fahrt und Geschwindigkeit über diese fehlende Speiche hinwegbrausen. Kannst du langfristig so hohe Geschwindigkeiten halten?

Gibt es Möglichkeiten zur Verbesserung oder Optimierung? Viele Menschen sind sich oft durchaus bewusst, dass sie in Situationen stecken, in denen sie langfristig nicht glücklich und ausgeglichen sein werden. Sie sind zu bequem oder zu ängstlich, etwas zu ändern. Sie drücken sich vor Entscheidungen. Sie drücken sich davor, der Schöpfer ihres Lebens zu werden. Sie nutzen nicht ihre Freiheit, sich für ein rundum glückliches Leben zu entscheiden. Wer nur nach Sicherheit strebt, ist voller Angst. Je mehr Sicherheit gewünscht wird, desto größer sind die Ängste. Angst ist angelernt und von anderen übernommen. Angst ist ein Vakuum der Liebe. Du bist für dich selbst verantwortlich!

Es ist Aufwach- und Aufräumzeit! Schaue dir die einzelnen Bereiche deines Lebens an und stecke dir

entsprechende Ziele! Übernimm die Verantwortung dafür, wo du jetzt stehst. Du bist dort, wo du jetzt bist, weil du dich dort hingebracht hast. Es ist das Resultat deiner Gedanken, Worte und Taten. Wenn du ein anderes Leben möchtest, gehe einen anderen Weg. Die ersten Schritte dieses Weges gehst du in und mit deinen Gedanken. Mache dir Gedanken zu deinen Zielen. Wo möchtest du hin? Dieses Glücks-Tagebuch bietet dir später noch ein ganzes Kapitel zu Zielen und wie du deine Ziele richtig steckst. Sei gespannt!

Willst du ein glücklicher Mensch werden,
so habe eine reine Seele, Augen,
die das Romantische im Alltäglichen sehen,
das Herz eines Kindes
und denke auf einfache Weise.

Norman Vincent Peale

Aus dem Brief einer älteren Dame ...

Könnte ich mein Leben nochmals leben, dann würde ich viel mehr Fehler machen. Ich würde entspannter und humorvoller sein. Es gäbe bestimmt nur halb so viele Dinge, die ich ernst nehmen würde, vor allem bei der Arbeit. Ich würde öfter die Schule schwänzen und mir nicht so hohe Stellungen erarbeiten. Es sei denn, ich käme zufällig daran. Und ich hätte weniger Anstandsfreunde und mehr Zeit für die Menschen, die mir wichtig sind.
Könnte ich noch einmal von vorne anfangen, würde ich viel herumkommen und mit sehr wenig Gepäck reisen. Ich würde mehr Berge erklimmen, mehr Flüsse durchschwimmen und mir mehr Sonnenuntergänge anschauen. Ich würde mehr spazieren gehen und mehr Aufmerksamkeit einer einzelnen Blume schenken als einer Sensationsmeldung im Fernsehen.
Ich würde mich nicht mehr mit den neuesten Diäten herumplagen und die

Geburtstagstorten noch mehr genießen. Könnte ich mein Leben nochmals leben, hätte ich mehr echte Schwierigkeiten als nur eingebildete. Ich würde einfach versuchen, immer nur einen Augenblick nach dem anderen zu leben, anstatt jeden Tag schon im Voraus. Ich würde eine Menge verrückter Dinge tun, ohne zu hinterfragen, ob sich das gehört. Im Frühjahr würde ich früher und im Herbst länger barfuß laufen. Auf dem Rummelplatz würde ich noch viel mehr Karussell fahren, an den Wochenenden viel tanzen gehen und ich würde mehr Gänseblümchen pflücken.

Verfasser unbekannt

Anando ist glücklich und dankbar

Einige Tage sind nun vergangen und Joels Mutter versorgte in dieser Zeit meine Wunden. Ich fühlte mich wie noch nie in meinem Leben. Ich fühlte mich dazugehörig, entspannt und ausgeglichen. Jeden Morgen bekam ich von Joel und seinem Vater eine große Portion Obst: Mangos, Papayas, Feigen und Bananen. Nach der heißen Mittagssonne gingen Joel und ich immer an den Fluss und kühlten uns im Flussbett ab. Joel lag im Schatten auf einem großen Stein und ließ die Füße im Wasser baumeln.

Ich trank jedes Mal, bis mein Bauch voll war, um dann nach etwas Essbarem Ausschau zu halten. Am Ufer des Flusses wuchsen frische Gräser und junge Sprossen, die wunderbar schmeckten.
So war mein Leben perfekt und ich wünschte mir, dass die Freundschaft zu Joel mein Leben lang andauern würde. In meinem Leben davor hatte ich keine echten Freunde gehabt. Die anderen Arbeiterelefanten waren wie ich unglücklich und in ihrem Trott gefangen. Wir erzählten uns nur gegenseitig, wie schlecht wir doch dran wären. Jetzt, im Rückblick darauf, erkenne ich natürlich, dass diese Art von Gesprächen nicht gerade förderlich für Freundschaften war. Bei Joel wollte ich nun alles richtig machen. Ich war so glücklich und dankbar, dass er mich gefunden hatte. Ich weiß nicht, wo ich jetzt wäre, wenn seine Familie mich nicht aufgenommen und gesund gepflegt hätte. Ich war so dankbar und wollte ihm etwas zurückgeben. Ich wollte ihm eine Freude machen, um so meine Dankbarkeit auszudrücken. Auch seinem Vater und seiner Mutter wollte ich helfen, um auch ihnen meine Dankbarkeit zu zeigen. Gerne wollte ich auch etwas für sie tun. Doch was konnte ich denn

schon? Wie könnte ich ihnen helfen? Ich habe in meinem Leben doch bisher nur Bäume geschleppt. Und dies unter Anleitung meines Reiters. Etwas anderes habe ich doch nie gelernt. „Anando, pass auf, was du denkst, nicht so negativ!“, ermahnte ich mich selbst. „Sei nicht so streng mit dir selbst! Du solltest dich auf deine Stärken besinnen! Ja, meine Stärken. Stärken … stark … ich bin stark und habe Muskelkraft.“ So konnte ich Joels Familie helfen. Sie sind eine Bauernfamilie und bewirtschaften ihre Felder. Das war die Lösung. Voller Aufregung lief ich zu Joel. Er schaute mich kurz aus müden Augen an und winkte dann ab, um mir zu zeigen, dass er weiter vor sich her träumen wollte. Nicht mit mir. Er bekam eine ordentliche Dusche ab. Als Elefant hat man so seine Möglichkeiten. Erschrocken sprang er hoch und schaute mich mit großen Augen an. Er war klatschnass und das Wasser tropfte von seinen Haarspitzen. Ich prustete los und Joel stimmte mit seinem herrlichen Lachen ein. Es klang jedes Mal wie Musik in meinen Ohren und ich liebte dieses Lachen. Ich stellte mein linkes Vorderbein auf den Stein, auf dem er stand und zog ihn mit meinem Rüssel näher an mich heran. Er verstand sofort und

kletterte auf mein Bein. Mit meinem Rüssel stützte ich ihn und hob ihn dann behutsam höher. Mit einem Satz sprang er von meinem Bein ab und saß schon auf meinem Rücken. Er quietschte los und klatschte in die Hände. Und wieder hörte ich sein herrliches Lachen. Ich bewunderte ihn für seine Unbekümmertheit. Wie er seine Gefühle immer offen zeigen konnte und jeden daran teilhaben ließ. Es war unmissverständlich die pure Freude für ihn, auf meinem Rücken zu reiten. Da wurde mir bewusst, wie glücklich es mich auch selbst machte, und wie froh ich war, ihm diese Freude zu bereiten. Ich war glücklich darüber, dass ich ihn glücklich gemacht hatte, und so konnte ich ihm meine Dankbarkeit zeigen.

Wir ritten eine große Runde durch die Umgebung und Joel genoss es, mit den Händen nach den Blättern zu greifen.

Kapitel 11

Jetzt war Joels Familie an der Reihe. Ich hatte mir zum Ziel gesetzt, ihnen zu helfen, und wusste nun, wie ich das konnte. Nachdem ich wusste, was ich wollte, erschien der Weg von ganz alleine.
Joels Vater arbeitete auf dem Feld und mühte sich mit einem Pflug ab. Als er uns kommen sah, strahlte er über das ganze Gesicht, denn er erkannte sofort, wie stolz und glücklich Joel auf meinem Rücken ritt. Wir stellten uns direkt vor den Pflug und ich deutete mit meinem Rüssel immer wieder auf den Pflug und trötete munter, bis Joels Vater verstand. Mit einem Seil band er mich provisorisch vor den Pflug und ich stapfte sofort los. Es war ein Kinderspiel für mich den Pflug durch die Erde zu ziehen. „Wie ein Löffel, der durch warme Butter gleitet“, ging es mir durch den Kopf. Ein Löffel durch warme Butter …
Dies rief Bilder und Erinnerungen in mir hervor. Die Erinnerung an meine Flucht. An den kurzen Augenblick, in dem ich aus dem Augenwinkel heraus sah, wie sich der Pflock, der mich jahrelang in Angst und Pein gehalten hatte, leicht und problemlos aus der Erde ziehen ließ. Er glitt locker wie aus einem Butterfass heraus. Ich spürte sofort, wie mich diese Erinnerung beflügelte, wie mir

diese Erinnerung sofort zusätzliche Kraft verlieh. Dieser Glücksmoment meines Lebens ist mit so viel positiver Energie aufgeladen. Ich schwor mir: Wenn es mir einmal schlecht gehen sollte, würde ich an diesen Moment denken. Mit diesem Gefühl und dieser Energie werde ich alles erreichen können, was ich mir vorstellen kann. Das habe ich schon einmal und ich werde es wieder schaffen.

Es blitzt ein Tropfen Morgentau im Strahl des Sonnenlichts; ein Tag kann eine Perle sein und ein Jahrhundert nichts.

Gottfried Keller

Dankbarkeit

So, wie für viele Menschen in Indien und auf der Welt Meditation der Schlüssel für die innere Balance ist und einen Ausweg aus dem alltäglichen Wahnsinn darstellt, so ist die Dankbarkeit ein Schlüssel zur Zufriedenheit.
Wofür bist du dankbar?
Mach dir bewusst, was du alles Schönes besitzt und was du bereits erreicht hast! Wir streben permanent nach Neuem und dabei vergessen wir oft, was wir bereits haben. Führst du ein Leben im Mangel oder in Fülle? Es ist verhängnisvoll, immer nach Neuem zu streben und neuen Wünschen nachzujagen. Wie sehr hast du dir in der Vergangenheit etwas gewünscht? Wie groß war die Freude, als du es dann endlich hattest? Wie groß ist deine Freude jetzt darüber? Wie lange hielt die Freude an? Welche neuen Sehnsüchte hast du schon wieder seither gehabt?
Stelle dir selbst diese Fragen! Schau, wie wertvoll deine Wünsche waren und sind! Ich wünsche dir, dass du am Ende zu einer positiven Bewertung kommst.

Nutze die folgende Seite, um die Dinge zu notieren, für die du dankbar bist! Denk dabei auch an die immateriellen Dinge, deine privaten und beruflichen Erfolge, deine Familie, deine Freunde, Erlebnisse und Erfahrungen, die dich geprägt haben und zu dem fantastischen Menschen gemacht haben, der du jetzt bist.

Ich bin dankbar für ...

Dankbarkeit ist eine enorme Kraft. Integriere die Dankbarkeit in dein Leben! Wenn du am Abend in dein Glücks-Tagebuch schreibst, notierst du die schönen Erlebnisse, Erkenntnisse und Erfahrungen. Was waren heute deine kleinen und großen Wunder? Was hat den Tag so wundervoll - voll Wunder gemacht?
Du wirst dir dieser positiven Dinge bewusst, lernst sie mehr und mehr zu schätzen und bist dankbar dafür.

Ab jetzt kannst du jeden Tag mindestens eine Sache aufschreiben, für die du dankbar bist. Dafür bieten dir die Seiten ab sofort zusätzlich Platz.

Am Anfang fällt es dir eventuell schwer, aufzuschreiben, wofür du dankbar bist. Damit es leichter wird, ist die tägliche Suche nach möglicher Dankbarkeit entscheidend. Es geht wieder darum, das Bewusstsein zu schaffen und Geschenke des Lebens zu erkennen. Denk daran, wie es am Anfang war, als du das Glücks-Tagebuch in den ersten Tagen führtest. Die tägliche Frage, was am heutigen Tag Tolles passiert sei, war nicht immer gleich einfach

zu beantworten. Nun geht es sicher viel leichter.
So wird es dir auch mit den Dingen, für die du dankbar bist, gehen. Bitte bedenke auch hier wieder die kleinen und scheinbar banalen Freuden im Leben: Essen im Bauch, Lächeln eines Fremden, das Singen eines Vogels und vieles mehr. Dies alles macht dich dankbar.
Sei dir mal wieder bewusst, wie gut es dir geht!
Bitte unterschätz nicht, wie wichtig es ist, dankbar zu sein. Dankbar zu sein, für das, was du bereits hast.

Die Bettler

Auf meiner Reise ergab es sich, dass ich zwei Bettler belauschte.
Die Sonne stand schon tief und die wabernde Hitze des Tages wich allmählich zurück. Ich durchstreifte die niedrigen Büsche und Sträucher auf der Suche nach leckeren Pflanzen. Dabei drangen Stimmen durch die noch stickige Luft zu mir herüber. Neugierig wie ich bin, folgte ich den Stimmen, um mehr zu erfahren. Zwei Bettler hatten ihr Nachtlager hier ganz in der Nähe einer kleinen Stadt aufgeschlagen, wie ich aus dem Gespräch entnahm. Es gibt in Indien sehr viele Menschen, die ihren Lebensunterhalt erbetteln. Am Tage halten sie sich an beliebten Ausflugszielen der Touristen auf, um auf eine Spende zu hoffen, und für die Nacht zogen sich diese Zwei ein wenig aus der Stadt zurück.
Sie sprachen über Dankbarkeit. Einer der beiden, er war etwas größer und noch hagerer als sein Freund, sprach darüber, dass so viele Menschen nicht dankbar sind. Darauf antwortete der andere forsch, dass er doch gar nichts habe, wofür er dankbar sein kann, dass das alles dummes Geschwätz wäre und

albern sei. Wiederum entgegnete der Große, dass Dankbarkeit geradezu magnetische Kräfte besitzt. „Wenn ich dankbar für das bin, was ich habe, erhalte ich noch mehr davon." „Ich bin gesund, ich habe dich als treuen Freund an meiner Seite und ich habe ein kleines Stück alten Kuchen in meinem Beutel. Dafür bin ich dankbar!", erläuterte er. Er nahm das Stück Kuchen aus seinem Beutel, teilte es in zwei Stücke und reichte seinem Freund eines der beiden. Dieser nahm es strahlend entgegen und verkündete von seinem heutigen Erlebnis. Er ergatterte aus einem Mülleimer an der Kirche eine ganze Tüte mit saftigen Feigen. Die Touristen, welche er beobachtet hatte, hatten die Feigen gerade erst auf dem Markt gekauft und sie hatten ihnen wohl nicht geschmeckt. Der ganze Beutel mit 5 großen, reifen Feigen landete im Mülleimer. „Ich war der Schnellste und konnte die Tüte allein für mich einstreichen", berichtete er stolz. „Ich war so glücklich und verschlang die erste Feige direkt." Die anderen vier Feigen ließ er jetzt aus seinem Beutel kullern. Er strahlte und seine weißen Zähne leuchteten durch die Dämmerung. „Ich möchte auch mit dir teilen", sagte er zu seinem großen Freund.

Dieser lächelte nun breit und sagte: „Dankbarkeit besitzt tatsächlich magnetische Kräfte. Du hast es gerade bewiesen. Ich danke dir dafür!"

Zufriedenheit mit dem, was wir besitzen, ist das größte und sicherste Gut.

Marcus Tullius Cicero

Joels Opa erzählte uns immer wieder kleine „Mutmachgeschichten", welche er selbst einmal gehört hatte. Eine davon werde ich hier wiedergeben.

Auf einer Rundreise durch die Toskana verliebte sich ein Ehepaar in einen malerischen, ruhigen Ort in den Bergen unweit von Volterra. So kam es, dass sie immer öfter ihren Urlaub hier verbrachten. Sie hatten das Bedürfnis nach Ruhe und Zurückgezogenheit, nach langen Spaziergängen und erholsamen Stunden im Garten mit Blick auf die Weinberge. Sie liebten das italienische Essen in der kleinen Trattoria am Dorfplatz. Die italienische Sprache klang wie Musik in ihren Ohren und sie genossen das unbeschwerte Zusammensein mit den einfachen Dorfbewohnern.

Im Laufe der Zeit reifte in ihnen der Wunsch, hier ein eigenes Häuschen zu besitzen. Und so kauften sie sich einen

Weinberg mit einem halb zerfallenen Haus darauf.

Jahrelang verbrachte dieses Ehepaar seine Urlaube auf der Baustelle. Trotz Ärger mit Handwerkern, ungeahnten Kosten und dem Umstand, dass sie oft erschöpfter nach Hause zurückkehrten als sie losgefahren waren, freuten sie sich auf den Tag, an dem sie sich in ihrem Traumhaus erholen konnten.

Doch auch nachdem das Haus fertig war, konnten sie sich immer noch nicht so gut entspannen wie früher, als sie hier als Gäste weilten. Das Haus verpflichtete sie nun, jeden ihrer Urlaube hier zu verbringen. Sobald sie ihr Häuschen aufgeschlossen hatten, wartete in allen Ecken Arbeit. Es gab immer etwas zu tun. Vom Saubermachen ganz abgesehen, war das Unkraut im verwilderten Garten zu jäten, das Holz zu streichen, die Fensterläden auszubessern und vieles mehr. Darüber hinaus erinnerten

sich plötzlich viele Bekannte ihrer Freundschaft und verspürten das dringende Bedürfnis, sie zu besuchen.
Also räumten sie auf, bezogen Betten, kauften ein und bewirteten ihre Gäste.
Manchmal, wenn sie spätabends doch einmal allein auf ihrer Terrasse saßen, dachten sie mit leiser Wehmut an die schönen alten Zeiten zurück.
Wie anders sehen doch Wünsche aus, wenn sie erst erfüllt werden!

Verfasser unbekannt

Glücklich ist nicht,
wer hat, was er sich wünscht,
sondern wer nicht begehrt,
was ihm das Schicksal versagt.

lateinische Lebensweisheit

Ein Brief von Laura ...

Tom und Laura waren ein ganz typisches Paar. Sie lebten in einem kleinen Ort in einem liebevoll eingerichteten Häuschen mit gepflegtem Vorgarten. Zwei Kinder machten ihr Glück komplett. Wie jedes andere gewöhnliche Paar bemühten sie sich, durchzukommen und stets das Richtige für ihre Kinder zu tun.
Tom und Laura hatten ab und an ihre Streitigkeiten und Zänkereien. Viele Streitigkeiten drehten sich darum, was in ihrer Ehe falsch läuft und wer daran schuld ist.
Bis zu diesem einen Tag, an dem ein höchst ungewöhnliches Ereignis stattfand.

Tom sagte zu Laura: „Weißt du, ich habe eine Zauberkommode, denn immer, wenn ich sie öffne, ist sie voller frischer Socken und gewaschener Unterwäsche. Ich möchte dir dafür danken, dass du diese Kommode all die Jahre gefüttert hast."

Laura starrte Tom verdutzt an und fragte skeptisch: „Was willst du mir damit sagen, Tom?"
„Nichts, ich möchte dich nur wissen lassen, dass ich diese Zauberkommode zu schätzen weiß."

Tom hatte häufig irgendwelche Spinnereien im Kopf und so dachte Laura nicht länger darüber nach. Bis zu einem Moment ein paar Tage darauf.
„Laura, danke, dass du diesen Monat schon alle Ausgaben in das Haushaltsbuch eingetragen hast. Du hast 25 von 26 Belegen richtig eingetragen. Das ist ein Rekord."
Sprachlos darüber, dass sie richtig gehört hatte, sah Laura auf: „Tom, sonst beklagst du dich doch immer, dass ich die falschen Beträge eintrage. Warum hörst du auf einmal damit auf?"
„Dafür gibt es keinen besonderen Grund: Ich wollte dich nur wissen lassen, dass ich deine Mühe schätze."
Laura schüttelte verwirrt den Kopf,

kochte weiter und fragte sich, was wohl in ihren Mann gefahren sei. Am nächsten Tag schaute sie noch einmal in das Haushaltsbuch und korrigierte den falschen Betrag. Sie nahm sich vor, in Zukunft etwas gewissenhafter zu sein. „Was kümmere ich mich auf einmal um die dummen Ausgaben?", fragte sie sich selbst.

Sie versuchte, dem Vorfall keine große Aufmerksamkeit zu schenken, doch Toms seltsames Verhalten steigerte sich.

„Laura, das war wieder ein sehr leckeres Essen", sagte er eines Abends.

„Vielen Dank, ich weiß deine Arbeit in der Küche und im Haushalt zu schätzen. Wenn ich genauer darüber nachdenke, hast du in den letzten 15 Jahren sicher über 14.000 Mahlzeiten für uns zubereitet."

„Das Haus und der Garten sehen immer tadellos aus. Du hast wieder schwer gearbeitet, dass alles so perfekt ist."

Und weiter sagte Tom sogar: „Danke Laura, dass du einfach du bist. Ich genieße jeden

Tag deine Gegenwart."
Laura begann sich Sorgen zu machen und dachte: „Wo ist Toms Sarkasmus, die ständige Nörgelei und die häufige Kritik geblieben?"
Ihre Befürchtungen, dass etwas Merkwürdiges mit ihrem Mann geschah, wurde von ihrer Tochter Sarah noch bestätigt. Sarah sagte: „Papa ist verrückt geworden. Ich trug gestern meinen kürzesten Rock, das engste Top und war stark geschminkt. Trotzdem hat er gesagt, dass ich hübsch aussehe und dass er mir viel Spaß mit meinen Freunden wünscht. Was ist denn nur los mit ihm? Papa ist nicht mehr Papa."

Was auch immer mit Tom nicht stimmte, er hörte nicht damit auf. Er konzentrierte sich auf das Positive und zeigte seinen Familienmitgliedern seinen Dank. Als die Wochen vergingen, arrangierte sich die Familie mit diesem Verhalten. Laura selbst sagte ihm widerwillig sogar auch ab und zu: „Danke".

Sie rühmte sich, spielend mit allem fertig zu werden, bis eines Tages etwas so Eigenartiges passierte, dass sie völlig aus der Fassung geriet.
„Meine teure Laura, das Abendessen war großartig und ich möchte, dass du nun eine Pause machst", sagte Tom. „Ich werde mich um die Küche kümmern. Ich werde das Geschirr abräumen und alles wieder herrichten. Also lass alles stehen und liegen und verlass die Küche."
Nach einer langen Pause sagte Laura: „Danke, Tom, ich danke dir sehr."
Lauras Schritte wurden mit der Zeit immer leichter und ihr Selbstvertrauen ein bisschen größer. Sie selbst erwischte sich ab und zu dabei, wie sie glücklich summte. Sie schien nicht mehr so häufig traurig gestimmt zu sein. „Ich mag Toms Verhalten recht gern", beschloss Laura.

Das hätte jetzt das Ende der Geschichte

sein können, wenn nicht eines Tages ein weiteres, höchst sensationelles Ereignis stattgefunden hätte.
Es war Laura, die sprach: „Tom, ich möchte dir dafür danken, dass du all die Jahre zur Arbeit gehst und für uns sorgst. Ich glaube nicht, dass ich dir je gesagt habe, wie dankbar ich dir dafür bin. Ich weiß deine harte Arbeit zu schätzen."

Tom hat nie den Grund für seine Verhaltensänderung verraten, so sehr Laura ihn auch drängte.
Es wird immer sein Geheimnis bleiben, doch eines, für das ich sehr dankbar bin.
Ich bin Laura.

Verfasser unbekannt

Freude bereiten

Eine der einfachsten Möglichkeiten, glücklich zu sein, ist es, anderen eine Freude zu bereiten. Wie fühlst du dich, wenn du jemandem eine Freude gemacht hast und dieser sich freut? Wie geht es dir dabei?
Du bist ebenfalls glücklich!

Wenn du anderen Menschen eine Freude machst, wirkt sich das doppelt auf dein Wohlbefinden aus: Erstens fühlst du dich schon besser, weil du dafür gesorgt hast, dass es anderen Menschen besser geht, und zweitens werden dir Menschen etwas Gutes tun.

Wenn du anderen Menschen eine Freude machst, ist es so, als wenn du auf ein Konto einzahlst – auf dein Glückskonto. Wie bei jedem Konto kannst du abheben, sofern genug drauf ist. Jedes Mal, wenn du anderen eine Freude machst, zahlst du ein. Selbst wenn du Freude, Glück und Dankbarkeit nicht vom gleichen Menschen zurückbekommst, wirst

du es von einer anderen Person erhalten. Wenn du einer Person eine Freude bereitest und sich diese Person dadurch so gut fühlt, dass sie einer anderen Person eine Freude bereitet und dann diese dritte Person dir eine Freude bereitet, erntest du auch, was du gesät hast. Auch über mehrere Ecken und unterschiedliche Wege. Nichts geht verloren! Du erhältst immer eine Resonanz auf deine Taten.

In uns selbst
liegen die Sterne unseres Glücks.

Heinrich Heine

Lebe dein eigenes Leben!

Die Tage vergingen schnell und ich erkannte eine kleine Routine. Es hatte sich ein üblicher Tagesablauf eingeschlichen und ich liebte diesen. Durch meine Hilfe auf dem Feld und bei den täglichen Arbeiten im Dorf integrierte ich mich fest in die Familie und in die kleine Dorfgemeinschaft. Ich hatte so viele Wege gefunden, wie ich mich einbringen konnte, um meine Dankbarkeit auszudrücken. Joels Vater und den anderen Männern half ich auf dem Feld und schneller als üblich war die Saat ausgebracht. Für die Frauen trug ich das Wasser vom Fluss zum Dorf. Die Kinder liebten es, auf meinem Rücken zu reiten und Joel bestimmte stets, wer wie lange reiten durfte.

Wenn es dämmerte, versammelte sich die ganze Familie um ein Feuer. Wir nannten es „Familienzeit". Es wurde gegessen, erzählt, gespielt, musiziert und auch getanzt. Diese Abende werde ich mein ganzes Leben lang nie vergessen, denn ich genoss die gemeinsame Zeit immer sehr.

Das Beste an der Familienzeit waren die wunderbaren Geschichten, die uns Joels Opa immer

erzählte – und er erzählte viele tolle Geschichten. Über einige Geschichten musste ich lachen, über andere Geschichten musste ich lange nachdenken, um sie zu verstehen, und wiederum andere brachten mich zum Weinen. Ich mochte alle Geschichten und freute mich immer sehr, wenn Joels Opa zu erzählen begann. Es herrschte dann immer diese aufgeregte Spannung in der Luft. Alle hingen an seinen Lippen und gaben keinen Mucks von sich.

Einige dieser Geschichten findest du in diesem Glücks-Tagebuch. Ich hoffe, dass sie dir genauso gut gefallen.

Weil Joels Opa viele Erfahrungen gemacht hatte und dadurch Weisheit ansammeln konnte und zudem noch der beste Geschichtenerzähler des Dorfes war, war es seine Aufgabe, einmal in der Woche auf dem Dorfplatz allen Bewohnern mit Rat und Tat zur Seite zu stehen.

Alle Dorfbewohner versammelten sich auf dem Dorfplatz. Es wurden kleine Feuer gemacht. Die Kinder spielten miteinander, die Frauen tauschten den aktuellsten Klatsch und Tratsch aus und die Männer besprachen Erntephasen, Bauprojekte zur Bewässerung und zum Schutz der Felder. Zum

Schutz der Felder? Wovor sollten denn die Felder geschützt werden? Das sollte ich noch in Erfahrung bringen. Alle freuten sich immer auf die Geschichten und Ratschläge von Joels Opa.
Er erzählte häufig von seinem Leben. Was er erlebt hatte und was er daraus gelernt hatte. So ist es mir immer leicht gefallen, ihm zu folgen und seine Botschaft hinter den Geschichten zu erkennen.
Gerne möchte ich euch von dem Abend erzählen, an dem ich die erste wichtige Lektion von Joels Opa lernte.

Der Sohn des Dorftischlers stellte sich vor und schilderte, dass sein Vater von ihm erwarte, dass er auch Tischler hier im Dorf werden sollte. Er selbst wollte jedoch gar kein Tischler werden. Viel lieber würde er in die Stadt ziehen und sein Glück dort finden.
Ich habe die Worte von Joels Opa noch klar im Kopf: „Habe den Mut, dir selbst treu zu sein und nicht so zu leben, wie andere es von dir erwarten! Traue dich, andere Dinge zu tun als die Familie von dir erwartet. Es ist nicht leicht, das schwarze Schaf der Familie zu sein.

Bedenke dabei, dass du etwas anderes nicht aus Trotz oder um des Rebellierens willen tun solltest, sondern aus der inneren Überzeugung heraus. Der Schmerz, den andere dir zufügen, ist oftmals die Projektion des eigenen Leidens auf andere." Mit einem scharfen Blick auf den Dorftischler sagte er weiter: „Glückliche Menschen behandeln andere nicht so!"

Wenn du Spitzen erhältst wie „Was hast du wieder für verrückte Ideen", dann überlege für dich, ob derjenige nicht selbst einmal verrückt sein möchte.

Geh deinen eigenen Weg! Was andere denken, geht dich gar nichts an. Kümmere dich nur um dich! Sei mutig und lebe dein eigenes Leben, ohne darüber nachzudenken, was andere davon halten oder darüber denken. Es ist doch dein Leben. Ihr Menschen sehnt euch nach Liebe und neigt deshalb dazu, auf andere zu hören. Ihr habt Angst vor Ablehnung und Kritik und möchtet diesen Weg nicht gehen, indem ihr die Ratschläge der anderen annehmt. Doch wird dich das glücklich machen?

Der Sohn des Dorftischlers bedankte sich für die weisen Worte des Alten.

Einige Tage später verließ er das Dorf und zog in

die Stadt. Viele Jahre danach erfuhr ich, dass er ein kleines und sehr erfolgreiches Restaurant eröffnet hatte. Er hatte sich verliebt und mit seiner Frau drei gesunde Kinder bekommen. Ich habe mich sehr für ihn gefreut.

Es blitzt ein Tropfen Morgentau
im Strahl des Sonnenlichts;
ein Tag kann eine Perle sein
und ein Jahrhundert nichts.

Gottfried Keller

Schuldgefühle

An dem Tag, als der Sohn des Tischlers das Dorf verließ, fragte Joel am Abend seinen Opa, ob die Ratschläge für den Sohn des Tischlers auch die richtigen waren. Schließlich werde der Dorftischler nun sehr traurig sein und seinen Sohn vermissen – und daran sei sein Opa schuld. Joel fragte: „Opa, hast du denn gar keine Schuldgefühle deswegen?"
„Schuldgefühle können das Leben vergiften, mein lieber Joel", sagte der Opa. Darauf antwortete Joel: „Selbst ich habe deswegen Schuldgefühle und fühle mich schlecht. Ich habe oft Schuldgefühle."
„Mhhhhh, ich verstehe dich und möchte mit dir darüber reden, denn zu sagen: ‚Du solltest deine Schuldgefühle einfach ablegen', wäre zu einfach. Natürlich bestimmen auch hier wieder deine Gedanken den Weg und deine Schuldgefühle. Worauf konzentrierst du dich gerade?"
Joel gestand: „Ich denke an den Tischler und seine Frau. Sie werden ihren Sohn schrecklich vermissen und ich habe das Gefühl, dass du und damit unsere Familie daran schuld sind. Wir sind Schuld an dem Leiden, welches die beiden gerade ertragen müssen."

„Lieber Joel, bitte konzentriere dich NICHT auf die Schuldgefühle. Damit verstärkst du sie nur noch. Denke doch einmal an die Möglichkeiten, welche sich für den Sohn des Tischlers nun ergeben! Ihm steht die ganze Welt offen und er fängt gerade an, sein eigenes Leben zu bestimmen und seinen Weg zu finden. Es ist der Lauf des Lebens und seine Eltern werden einsehen, dass sie nicht das Leben ihres Sohnes vorbestimmen können. Es ist sogar ihre Aufgabe, ihren Sohn tatkräftig dabei zu unterstützen, dass er positiv, selbstständig und mutig in die Welt hinausgeht, um seine eigenen Erfahrungen zu machen. Wenn er das getan hat, werden sie irgendwann stolz auf ihn sein und sich mit ihm über sein Glück freuen.
Eine weitere Möglichkeit, um deine Schuldgefühle abzuschütteln, ist es, über deine Gefühle zu sprechen. Deine Gefühle mitzuteilen und aufrichtig zu sein, bedarf großen Muts. Ich gratuliere dir, dass du den Mut hattest, offen deine eigenen Gedanken mit mir zu teilen. Das fällt vielen Menschen schwer. Sei ehrlich und mutig, um den anderen deine Sicht zu vermitteln und ihnen damit die Chance zu geben, dich zu verstehen.

Stolz kostet unnötig Zeit. Ich bin so froh, dass du davon frei bist.
Und fühlst du dich schon besser, nachdem du offen gesagt hast, was dich bedrückt?” Joel lächelte und gestand: „Ja, ich fühle mich schon viel besser!“
An diesem Abend lernte ich die zweite große Lektion für mein eigenes Leben. Ich möchte frei von Schuldgefühlen sein!
Ich werde meine Gedanken auf das Positive konzentrieren, um den Mut zu haben, eigene Entscheidungen zu treffen, ohne Schuldgefühle anderen gegenüber zu haben.
Es ist ein Lernprozess, ehrliche Gespräche zu führen und unsere Gefühle auszudrücken. Damit es dir leichter fällt, beginne mit einem geliebten Menschen, zum Beispiel mit deinem Lebenspartner, einem guten Freund, einer Freundin oder einem Elternteil. Du wirst sehen, wie förderlich und wunderbar diese Offenheit für eure Beziehung sein wird. Sei auch du stets ein guter Zuhörer! So werden die Menschen auch dir offen ihre Gedanken anvertrauen.
Weite deine neue Art der Kommunikation Stück für Stück auf dein Umfeld aus. Schaffe neue Denkmuster!

Hast du Menschen in deinem Umfeld, die dir Schuldgefühle einreden möchten? Hinterfrage einmal, warum sie es tun. Ist es zum Beispiel die Mutter, welche sich mehr Aufmerksamkeit und gemeinsame Zeit wünscht, weil sie dich so sehr liebt und sich vernachlässigt fühlt? Dann sei offen und rede über deine Gefühle mit ihr. Sage ihr, wie sehr du sie liebst und dir immer gerne Zeit für sie im Rahmen des Möglichen nimmst. Bitte gleichzeitig um Verständnis dafür, dass du dein eigenes Leben hast. Du wirst ihr immer dankbar sein und sie wird immer eine der bedeutendsten Rollen in deinem Leben spielen und sie wird verstehen, dass du Zeit für dein eigenes Leben benötigst. Sie wird verstehen, dass sie dich mit den Schuldgefühlen unglücklich macht und unter Druck setzt. Du kannst nicht jeden in deinem Umfeld glücklich machen. Denn wenn du es allen anderen recht machen willst, machst du es einem nicht recht: Dir selbst! Finde deine Balance!
Sicher wird der eine oder andere mit deiner neuen Aufrichtigkeit nicht umgehen können. Sei dir dieser Gefahr bewusst und frag dich, ob es die Beziehung wert ist, welche nicht mit gegenseitigem Respekt und Offenheit geführt werden kann.

Eine Beziehung oder Freundschaft, in der du sein kannst, wer du wirklich bist, wird dir mehr Kraft geben, als du es jetzt erahnen kannst.
Rede bitte auch niemals anderen Schuldgefühle ein! Wenn du also jemand bist, der anderen Schuldgefühle einredet, hinterfrage dich selbst, aus welchem Grund du dies tust? Beobachte dich selbst und schätze ab, ob du jemand bist, der sich auf diese Art Zuneigung und Liebe verschaffen möchte, oder ob du jemand bist, der damit Macht ausüben möchte.
Schuld kommt von Schulden. Du redest jemandem Schulden ein. Hast du das wirklich nötig?

Schuldgefühle sind Gift! Glückliche Menschen reden offen über ihre Gefühle!

Faktoren des Unglücklichseins

Schuldgefühle gehören zu den Faktoren des Unglücklichseins. Mach dich davon frei! Es gibt weitere Faktoren des Unglücklichseins. Diese möchte ich dir nun vorstellen.

Nicht vergeben können

Menschen, welche Groll und Ärger gegen eine Person hegen, bestrafen damit nicht diese Person, sondern nur sich selbst. Der andere spürt in der Regel noch nicht einmal diese negativen Gefühle. Dieser Mensch lebt sein Leben, geht auf Partys und amüsiert sich, während du negative Emotionen zulässt. In vielen Fällen besteht gar kein Kontakt mehr zu diesem Menschen, doch trotzdem ist die negative Emotion präsent. Manche Menschen nehmen den Groll und Ärger mit ins Grab.

In diesem Zusammenhang ist es wichtig, dass du weißt, dass die Dinge, die du in deinem Leben beachtest, immer größer werden. Dies sagte bereits Nietzsche: „Beachtung bewirkt Bestärkung“. Du kennst das wahrscheinlich aus eigener Erfahrung,

wenn du dich für irgendetwas interessierst, zum Beispiel ein Auto. In dem Augenblick, in dem du dich für ein Auto interessierst, ändert sich deine Wahrnehmung und du nimmst verstärkt dieses Auto wahr. Dir fällt die Werbung auf, du lernst Personen kennen, welche dieses Auto fahren und und und.
Genauso verhält es sich mit den Emotionen beziehungsweise Gedanken. Du fängst an, negative Emotionen zu empfinden. Deine Wahrnehmung ändert sich und du nimmst immer mehr negative Dinge wahr. Es bleibt nicht nur dabei, dass du dich über eine gewisse Person ärgerst. Nein – du siehst die Welt anders und ziehst noch viel schlimmere Personen in dein Leben.

Wenn du glücklich bist, merken das andere Menschen und du ziehst die Menschen, die auch glücklich sind oder sein wollen, in dein Leben. Genauso auch umgekehrt. Wenn du unglücklich bist, merken das die Menschen. Du ziehst dann die Menschen in dein Leben, die genau das Gleiche fühlen wie du, denn diese fühlen sich nun von dir verstanden.

Vergeben heißt, frei zu sein. Es nützt nur dir, nicht dem anderen. Du kannst dich nicht ärgern und gleichzeitig den Anspruch haben, glücklich zu sein. Das ist ein Widerspruch! Triff die Entscheidung und vergib, wenn du glücklicher durchs Leben gehen willst.

Eine der schnellsten Möglichkeiten zur Vergebung ist es, den Brief der Vergebung zu schreiben. Nimm dir dazu etwas zum Schreiben und schreibe ausführlich drei Dinge auf!

1. Womit hat die Person dich verletzt?
Was hat sie getan, was dich kränkte oder denunzierte?
2. Welche Auswirkungen hatte es für dich?
3. Schreibe auf, dass du dieses Kapitel beendest, dieser Person vergibst und keinerlei negative Emotionen hegst. Schließe diese Tür!

Nur wenn du diese Tür schließt, kann sich eine neue öffnen!

Vergleichen

Hierbei ist es egal, ob du dich mit anderen Personen oder mit einer früher von dir durchlebten Situation vergleichst.

Wenn du eine Situation zum ersten Mal erlebst, wirst du eine hohe Emotionalität spüren. Wenn nun eine ähnliche Situation passiert und du dies mit der ersten vergleichst, wirst du eine Abschwächung der Emotion spüren und dich einmal mehr unwohl fühlen. Also genieß jeden Augenblick in seiner Einzigartigkeit. Es geht nicht permanent darum, Erlebtes übertrumpfen zu wollen. Nimm jeden Augenblick bewusst wahr und erfreue dich der vielen positiven Dinge, die dir passieren! Spüre Dankbarkeit und sprich diese Dankbarkeit auch aus. Sage es dir selbst und sage es auch den anderen! Ich bin dankbar für ...
Dazu folgt gleich noch eine separate Übung.

Du weißt: Alles, worauf du dich konzentrierst, wird größer und verstärkt sich.

Vergleichen ist die Abkürzung ins Gefühl des Unglücklichseins!

Du wirst auch Negatives spüren, wenn du dich mit anderen Personen vergleichst. Ihr Menschen liebt ja eure Statistiken und Umfragen. Dazu habe ich eine spannende Umfrage mitgebracht: Die Teilnehmer wurden gefragt, wie sie sich fühlen würden, wenn sie eine Lohnerhöhung von 1.000 Euro erhielten. Die Befragten strahlten und gaben ihrer Freude darüber Ausdruck. Danach wurden sie befragt, wie sie sich fühlen würden, wenn sie erführen, dass ihre Kollegen gleichzeitig 1.500 Euro mehr monatliches Einkommen erhielten. Obwohl die Befragten immer noch 1.000 Euro erhielten, waren sie nun unglücklich, weil ihre Kollegen ja nun noch mehr als sie erhielten.

Dann wurden sie gefragt, ob sie lieber 5.000 Euro verdienten, wenn ihre Kollegen 6.000 Euro monatlich erhielten oder lieber 4.000 Euro, wenn dafür die Kollegen nur 3.000 Euro monatliches Einkommen erzielten.

Was glaubst du war das Ergebnis? Es entschieden sich mehr Befragte für ein niedrigeres Einkommen, nur damit sie mehr verdienten als ihre Kollegen.

So viel zum Thema vergleichen – eine echte Abkürzung zum Unglücklichsein, übrigens auch eine Abkürzung in den Burn-out! Das Vergleichen mit anderen macht nicht nur unglücklich, es löst sogar Stress aus!
Deine Situation bleibt beim Vergleich konstant, nur der Bezug zu etwas ändert sich.
Meist löst dies Unglücklichsein aus.

Mach es dir bewusst, deine Situation ist die Gleiche!

Das Glück beruht oft nur auf dem Entschluss, glücklich zu sein.

Lawrence George Durell

**Was für ein einfaches und
genügsames Ding das Glück
doch ist: ein Glas Wein,
eine geröstete Kastanie,
ein winzig kleines Kohlenfeuer,
der Klang des Meeres …
Alles, was du brauchst,
um das Glück im Hier und Jetzt
zu erfahren, ist ein einfaches,
genügsames Herz.**

Nikos Kazantzakis

Was ist mir heute Tolles passiert?

Wofür bin ich heute dankbar?

Welches Konzert oder Theaterstück möchte ich als Nächstes sehen?

Was ist mir heute Tolles passiert?

Wofür bin ich heute dankbar?

Was gibt mir am meisten Kraft?

Was ist mir heute Tolles passiert?

Wofür bin ich heute dankbar?

Wen werde ich morgen bewusst positiv begrüßen?

Was ist mir heute Tolles passiert?

Wofür bin ich heute dankbar?

Welches neue Hobby möchte ich ausprobieren?

Was ist mir heute Tolles passiert?

Wofür bin ich heute dankbar?

Wann war mein mutigster Augenblick?

Was ist mir heute Tolles passiert?

Wofür bin ich heute dankbar?

Was liebe ich an meinem Charakter am meisten?

Was ist mir heute Tolles passiert?

Wofür bin ich heute dankbar?

Was beinhaltet mein perfekter Tag?

Was ist mir heute Tolles passiert?

Wofür bin ich heute dankbar?

Wann verbringe ich mal wieder einen ganzen Tag im Bett?

Was ist mir heute Tolles passiert?

Wofür bin ich heute dankbar?

Wann und wo engagiere ich mich sozial?

Was ist mir heute Tolles passiert?

Wofür bin ich heute dankbar?

Wann habe ich das letzte Mal etwas Verrücktes getan?

Was ist mir heute Tolles passiert?

Wofür bin ich heute dankbar?

Was bedeutet für mich Lebensfreude?

Was ist mir heute Tolles passiert?

Wofür bin ich heute dankbar?

Womit werde ich mich morgen verwöhnen?

Was ist mir heute Tolles passiert?

Wofür bin ich heute dankbar?

Was liebe ich an meinem Zuhause?

Was ist mir heute Tolles passiert?

Wofür bin ich heute dankbar?

Welches Land werde ich als nächstes bereisen?

Vergebung

Wo gehobelt wird fallen Späne. Im Leben passieren uns immer wieder kränkende, verletzende Situationen. Ein Streit, verletzende Worte, missbrauchtes Vertrauen, ein Seitensprung, Intrigen und schlimmere Situationen hinterlassen ihre Spuren. Sie hinterlassen Narben in unserer Seele. Es macht uns krank, wenn wir gekränkt werden.

Wir sind ja bereits darauf eingegangen, dass es sich nicht lohnt Wut und Zorn gegen andere zu hegen. Letztlich schadest du dir nur selbst. Egal, wer oder was der Auslöser für deine Frustration oder deine Wut war, am Ende sind wir es selbst, die negative Emotionen generieren und nähren. Der Schlüssel steckt in der Vergebung. Vergeben und Verzeihen kann nur in unserem ureigenen Interesse geschehen. Auch ich habe meinem Reiter verziehen.
Im buddhistischen Glauben spricht man davon, dass Verzeihen auch Verstehen bedeutet. Auch in anderen großen Religionen gilt der Prozess des Vergebens als ein wichtiges und kraftvolles Heilmittel. Mit dem Hintergrund der Selbstheilung

lohnt es sich also zu verstehen was genau passiert ist. Wie konnte die Person so handeln, wie sie handelte? Wie habe ich selbst diese Situation beeinflusst? Habe ich selbstverantwortlich gehandelt? Die rationale Betrachtung einer Situation kann diese schon extrem entschärfen. Vielleicht entschärft sich dadurch auch die Verletzung?

In Joel's Familie war es ein heiliger Brauch, allabendlich im Kreis der Familie zusammenzukommen. Jedes Familienmitglied berichtete von den Ereignissen des Tages, prüfte die eigenen Gefühle und etwaige Unstimmigkeiten oder sogar Konflikte wurden offen angesprochen. Es wurde darüber gesprochen und wenn möglich wieder in Ordnung gebracht. Dieses Ritual stammt aus dem Hawaiianischen. In Hawaii bittet man um Vergebung bevor die Sonne untergeht. Denn: Es ist nicht gut, mit einem bekümmerten Geist oder Herzen ins Bett zu gehen. Wie wahr!

Einen ebenso hohen Stellenwert hat die Vergebung auch in der christlichen Tradition. „Vergib uns unsere Schuld, wie auch wir vergeben unseren Schuldigern“, betet man im Vaterunser.

Vergebung ist weder neu noch alt und zu jeder Zeit

aktuell. Derzeitig gibt es fast 50 wissenschaftliche Studien dazu. In Atlanta fand sogar schon der erste Kongress, der das Verzeihen thematisierte, statt. Es trafen sich Ärzte, Krankenschwestern, Psychiater, Pfarrer, Sozialarbeiter und viele mehr um ihre Erfahrungen, darüber wie man Menschen helfen kann zu vergeben, auszutauschen.

Viele Studien zeigten den medizinischen Zusammenhang zwischen Vergebung und Heilung. Loren Toussaint führte eine Studie mit 200 Probanden aus Michigan durch. Alle die verzeihen konnten hatten einen niedrigeren diatonischen Blutdruck und niedrigere Kortisolwerte.

Rücken- oder Kopfschmerzen, Depressionen und Schlaflosigkeit besserten sich nachweislich bei Probanden, welche aktiv daran arbeiteten ihren Groll loszulassen. Ich wähle bewusst den Begriff „aktiv". Denn eine tiefe und emotionale Verletzungen braucht Zeit und Aufmerksamkeit um sich auszugleichen. Das erfordert aktive Arbeit und Hingabe.

Verzeihen heißt in keinem Fall, alles zu erdulden. Mahatma Gandhi soll gesagt haben: „Wenn dir ein Unrecht geschieht und du wehrst dich nicht, machst

du dich mitschuldig!"
Wenn dein Partner dich betrügt, solltest du den Mut haben aktiv zu handeln. Setze dich aktiv für dein Wohlbefinden ein. Packe die Koffer! Ob nun deine eigenen oder die des Partners/ der Partnerin.
Wenn du finanziell betrogen wurdest, solltest du Anzeige erstatten, bevor der Betrüger weitere Menschen betrügt. Handle aktiv und sei verantwortungsvoll. Raus aus der Opferrolle und rein in ein unbeschwertes, selbstbestimmtes Leben!
Gerne wiederhole ich, es geht beim Verzeihen nicht darum, alles zu erdulden, sondern innerlich frei zu werden von Wut, Zorn, Ärger, Groll, Hass, Frust und anderen negativen Emotionen. Es geht nur um dein Wohlbefinden und deine Gesundheit.

Was kannst du nun tun, um zu Verzeihen?

Beginne damit das Ereignis, welches dich bedrückt und welches du nicht vergessen kannst, zu reflektieren. Stelle dir die Frage:"Was hast du dazu beigetragen?"
Versetze dich auch einmal in den anderen hinein. „Was hat aus seiner Perspektive dazu geführt, dass er sich so verhalten hat?"
Bitte bedenke, dass Verzeihen nichts mit Schwäche zu tun hat. Ganz im Gegenteil, es ist ein Ausdruck von Stärke und du tust es in erster Linie nur für dich und deine Gesundheit. Es geht nicht darum das Verhalten des anderen gutzuheißen. Es geht darum zu akzeptieren und anzunehmen das er sich so verhalten hat. Dabei ist es völlig in Ordnung zu sagen: „Mir gefällt es nicht und ich fühle mich verletzt."
Relativiere einmal und frage dich, ob aus der heutigen Sicht dieses eine Verhalten alle anderen positiven Erfahrungen mit dieser Person in Frage stellen kann!
Wenn du möchtest, dann suche ein klärendes Gespräch. Solltest du den Mut für ein Gespräch

noch nicht aufbringen, hilft dir eventuell eine vorbereitende Autosuggestion. „Ich bin bereit zu verzeihen." Auch wenn du zunächst innerlichen Widerstand verspürst, wird sich mit der Zeit ein Gefühl der Vergebung einstellen. Um diese Übung zu intensivieren, kann dir ein Bild der Person helfen. Vielen Menschen hilft es mit anderen neutralen Personen z.B. Freunden, Familienmitgliedern oder einem Psychiater darüber zu sprechen. Oft hilft es dabei in eine rationale Betrachtung der Ereignisse zu wechseln. Mein liebster Tipp aber ist und bleibt der Brief der Vergebung. Was dahinter steht wirst du später noch erfahren.

Wenn du vergeben möchtest, nimm dir zu Beginn ein paar Blätter zur Hand! Nutze sie zum Aufschreiben, welche Situationen haben dich verletzt und was daran hat dich verletzt. Schreibe weiter auf welchen Menschen du vergibst und was du ihnen verzeihst. Bitte bestätige deine Schriftstücke mit Datum und Unterschrift um es verbindlich und endgültig abzuschließen und loszulassen. Loszulassen ist so wichtig. Quäle dich nicht ewig mit vergangenen Situationen. Wenn du ständig in einem Eimer mit

Schei... rührst, wird es doch nur Schei... bleiben. Egal wie lange du rührst, es wird immer stinken. Bitte entschuldige die drastische Ausdrucksweise. Da ihr Menschen in Bildern denkt, wirst du diesen Vergelich nun nicht mehr vergessen.

Vergebung tritt dann ein wenn es soweit ist.
Du kannst es nicht auf einen Zeitpunkt festlegen. Du kannst Vergebung aktiv anschieben aber niemals erzwingen.

Wenn ich loslasse bekomme ich etwas.

Vergebung ist Heilung.

Ohne Reflexion kommt keine Erkenntnis.

Anando verzeiht

In der Dorfgemeinschaft war ich nun ein festes Mitglied. Ich spürte, wie sich alle über meine Anwesenheit freuten. Sie verwöhnten und belohnten mich immer für meine Arbeit. Nun kam es immer seltener vor, dass ich an meinen Reiter dachte. Ich fragte mich nicht mehr so häufig, wie es ihm wohl gehen mochte. Nach meiner Flucht war ich oft hin- und hergerissen, denn auf der einen Seite wünschte ich mir immer ein Leben in Freiheit und auf der anderen Seite hatte ich diese Schuldgefühle, da ich meinen Reiter im Stich gelassen hatte. Er hatte mich doch aufgezogen.

Durch die Geschichten von Joels Opa und die Gespräche zwischen ihm und Joel konnte ich meine Schuldgefühle abschütteln. Ich konzentrierte mich auf mein jetziges Leben und wurde von Tag zu Tag selbstbewusster. Ich sagte zu mir selbst, dass es immer zwei Seiten einer Medaille gibt. Für mich hat sich mein Traum von Freiheit erfüllt und für meinen Reiter hat es neue Herausforderungen gebracht. Ich sagte mir, dass er ein schlauer Mann

sei und eine Lösung gefunden habe. Auch wenn es nicht so sein sollte, kann ich dies nicht ändern. Jeder ist für sein Leben selbst verantwortlich und jeder ist der Schöpfer seiner eigenen Welt. Ich habe es mit der Zeit geschafft, diese Gedanken und Schuldgefühle loszulassen. Ich habe aufgehört, in der Vergangenheit zu grübeln, denn ich konnte die Ereignisse nicht rückgängig machen. Meinem Peiniger wünschte ich von ganzem Herzen alles Gute, denn ich habe ihm verziehen. Ich schaue nur noch nach vorne in die Zukunft. Dieser Prozess, den ich durchlebt habe, hat mich verändert. Von Grund auf ist aus mir ein Optimist geworden. Darauf bin ich sehr stolz. Ich arbeite jeden Tag hart an dieser Haltung, denn meine eigenen Erfahrungen haben mir deutlich gezeigt, dass das Leben als Optimist bei Weitem schöner und freundlicher ist.

Für mich habe ich einen klaren Weg aus dem Unglücklichsein erkannt. Dieser ist einfach und erfordert nur deine Selbstdisziplin. Hör auf damit, dich zu beschweren. Beschwere dich nicht, dass du einen schlechten Start, eine schlechte Kindheit hattest oder einen blöden Job oder einen gemeinen

Chef, zu wenig Freunde oder eine arme Familie. In dem Moment, in dem du dich beschwerst, konzentrierst du dich auf das Negative. Laut des Gesetzes der Konzentration erhältst du dann mehr davon. Mehr Groll und Unmut. Wir leiden an unserer Vergangenheit, weil wir uns die Vergangenheit nicht verzeihen.

Wir können die Vergangenheit nicht ändern, aber die Art, wie wir sie bewerten und darüber denken, schon. Mache deinen Frieden mit den Dingen, die dich ausbremsen und zurückhalten. Viel großes Leid tun wir uns selbst an. Auch wenn es auf den ersten Blick anders aussieht, werden Groll und Ärger dich langfristig krank machen. Dies ist medizinisch bewiesen und keine Neuheit mehr. Hast du nicht die bessere Wahl für dein Leben? Warum kehrst du dieser Situation nicht den Rücken zu und verzeihst?

Joels Opa gab einer Dorfbewohnerin, welche einen jahrelangen Streit mit ihrer Schwester nicht vergessen konnte, einen Rat, wie sie schneller verzeihen könnte. Sie sollte einen Brief der Vergebung schreiben. In diesem Brief sollten alle Dinge stehen, welche die Dorfbewohnerin so verletzt haben. Sie sollte alle Taten und ihre Gefühle dabei aufschreiben und diesen Brief ihrer Schwester, das heißt der Person geben, welche ihr so wehgetan hatte. Dabei ging es nicht darum, dass die beiden Personen sich wieder vertragen sollten, nein, ganz und gar nicht. In diesem Brief sollte die Dorfbewohnerin ihrer Schwester verzeihen, um damit mit sich selbst ins Reine zu kommen. Dies schrieb sie auch so in ihrem Brief. Sie schrieb, dass sie ihr verzieh und ihr weiterhin ein schönes Leben wünschte. Sie selbst habe nun alle bösen Ereignisse losgelassen und würde ihr Leben fröhlich und ausgeglichen weiterführen. Sie bat um Verständnis, dass sie weiterhin keinen Kontakt wünscht. Die Dorfbewohnerin fühlte sich sehr erleichtert, nachdem sie den Brief verschickt hatte.

Der Brief der Vergebung

Dies ist, wie bereits beschrieben, eine schöne Übung, um zu verzeihen. Bist auch du in einem ungeklärten Streit? Hast du zu einer Person den Kontakt abgebrochen oder hegst du gegen eine Person Groll? Gibt es in deinem Leben unausgesprochene Gefühle? Wurdest du verletzt? Fühlst du dich ungerecht behandelt? Trägst du Ballast mit dir herum?

Welche Auswirkungen kann dies langfristig haben? Es kann dich krank machen. Du schluckst die negativen Gefühle herunter und trägst sie weiterhin mit dir herum. Dadurch ändert sich allerdings nichts an der Situation. Du ärgerst dich nur immer weiter und weiter, bis sich ein Klumpen im Magen, ein Magengeschwür oder Schlimmeres bildet.
Wenn du es nun nicht schaffst, deine Einstellung zu der Situation zu ändern, wie wir es bereits mehrfach in diesem Buch thematisiert haben, kannst du mithilfe des Briefes die Situation ändern.
Schreibe an die Person oder Personen einen Brief, in dem du offen über deine Gefühle schreibst. Schreibe auf, was genau dich verletzt hat und wie du

dich gefühlt hast. Dann kommt das Wichtigste, die Vergebung. Schreibe der Person oder den Personen, dass du ihnen vergibst. Dass du ihr beziehungsweise ihnen alles vergibst. Bitte sei dir darüber im Klaren, dass nach dem Absenden dieses Briefes eine Reaktion folgen könnte. Solltest du dies nicht wünschen, schreibe es auch klar und verständlich in den Brief hinein.
Auf der anderen Seite könnte sich die Situation, der Streit wieder auflösen. Einer muss den ersten Schritt machen. Warum nicht du? Wäre es nicht traumhaft, wenn aus Ärger und Groll ein liebevoller und herzlicher Umgang wird?

Sei dankbar über die Sorgen und Herausforderungen die dir das Leben bietet, damit du dich entwickeln kannst!

Nur wer loslässt, hat die Hände frei!

**Vergebung sollte sein wie
ein Schriftstück, das, in Stücke
zerrissen und verbrannt,
nie wieder jemanden vorgehalten
werden kann.**

Henry Ward Beecher

Familienzeit

Ich liebte die Familienzeit. Es war eines der schönsten Rituale, das ich bei den Menschen beobachtet habe. Jede Familie sollte ihre eigene Familienzeit pflegen. Eines Abends erzählte Joels Opa von seinem Vater. Wieder lag ein Knistern in der Luft und die ganze Familie und ich lauschten voller Spannung. Er erzählte von einer Zeit, zu der Joels Opa selbst noch ein Kind war. Wir waren alle sehr überrascht, dass Joels Opa in der Stadt geboren wurde und einige Jahre dort mit seinen Eltern lebte. Das hatten selbst Joels Eltern nicht gewusst.
Der Opa erzählte, dass sein Vater Fischer war und täglich mit seinem kleinen Boot rausfuhr, um die Netze einzuholen und neu auszulegen. Danach verkaufte er seinen Fisch auf dem Markt. Es musste alles schnell gehen, damit der Fisch frisch war und er einen guten Preis aushandeln konnte. Sein Tag begann immer sehr früh und endete am späten Abend. Es mussten oft Reparaturen am Boot und vor allem an den Netzen gemacht werden. Manchmal saß sein Vater bis in die Nacht mit einem Netz auf dem Schoß und flickte die Löcher. Das Geld reichte

immer nur gerade so. Was aber viel trauriger war, war die Tatsache, dass der Vater keine Zeit für seine liebe Frau und seinen Sohn hatte. Joels Opa erzählte uns, wie traurig er als Kind darüber war. Sein Vater hatte nie Zeit und musste immer nur arbeiten, arbeiten, arbeiten. Es war keine schöne Zeit, denn auch der Mutter ging es schlecht und alle drei waren unglücklich.

Dies ging mehrere Jahre so. Es gab keinen freien Tag, denn der Fisch musste ja frisch verkauft werden. Bis der Vater eines Tages in die Augen seines Sohnes blickte und sagte: „Ich wünschte, ich hätte nicht so viel gearbeitet. Du bist nun fast ein Mann und ich habe deine Kindheit verpasst."

Am nächsten Tag verkaufte der Fischer sein Boot und seine Netze und die drei zogen ins Dorf. Sie zogen in das Dorf, in dem der Bruder des Fischers bereits seit langer Zeit mit seiner Familie lebte. Die drei lebten sich schnell ein und übernahmen ihre täglichen Aufgaben, um ihren Beitrag zu leisten. In diesem Dorf lebt Joels Opa bis heute. Er sagt, dass er hier die schönste Zeit seines Lebens verbracht habe und ihn nichts wieder in die Stadt zöge.

Joels Opa sagte: „Viele Menschen verbringen so viel

Zeit damit, Pläne für die Zeit, die nach der Arbeit kommt, zu machen und vergessen dabei das jetzige Leben.“ So erging es auch seinem Vater und er erkannte seinen Fehler. Ein weiterer großer Fehler ist es, dass sich viele Menschen nichts gönnen. Sie sind in ihrem Strudel der Arbeit gefangen und erlauben sich keine Freuden. Sie nehmen die Freuden, die ihnen das Leben bietet, nicht wahr.

Dies waren zwei weitere wichtige Lektionen, welche ich von Joels Opa lernte.

Auf wie vielen Hochzeiten tanzt du?

Meine Beobachtungen zeigen mir, dass sich viele Menschen überfordert fühlen. Ich höre Aussagen wie: „Ich bin in Eile“, „Ich bin im Stress“, „Ich habe gar keine Zeit für ...“, „Ich habe keine Zeit, um glücklich zu sein“ ...
In der heutigen Zeit scheint es Teil der Außendarstellung zu sein, wenig Zeit zu haben und busy (engl. beschäftigt, geschäftig) zu wirken. Wir fühlen uns scheinbar wichtig, wenn wir keine Zeit haben. Ich denke, dass ist ein sehr gefährlicher Weg, sich Anerkennung zu verschaffen. Wir haben ja bereits geklärt, dass es kein Glück im Außen gibt und dass es an deiner Einstellung liegt, ob du Stress empfindest oder nicht. Stress machen wir uns ja immer nur selbst.
Aus meiner Erfahrung heraus ist es für viele Menschen hilfreich, noch einige zusätzliche Work-Life-Balance-Tipps zu erhalten. Die eigene Balance zwischen den Lebensbereichen haben wir ja bereits thematisiert.

Neben dem Job füllen wir im Privatleben

verschiedene Rollen aus. Auf den Punkt gebracht, arbeiten viele Menschen 8–12 Stunden täglich und laden sich in ihrer Freizeit, in der Zeit, in der sie sich erholen sollten und die sie mit schönen Erlebnissen füllen sollten, dann noch einen Haufen an zusätzlichen Verpflichtungen auf.
Oft sind es einfach zu viele Rollen. Als Grundsatz gilt, dass wir nur 7 Rollen einnehmen können. Das kann die Rolle der Mutter oder des Vaters sein. Die Rolle des Lebenspartners, die Rolle des Vereinsmitgliedes, die Rolle als Führungskraft oder Mitarbeiter, die Rolle als Kassenwart im Kegelclub und so weiter.
Welches sind deine 7 Hauptrollen?
Es ist wichtig, sich von unwichtigen Nebenrollen zu trennen. Du darfst Prioritäten setzen!
Wie? Stelle dir einfach diese Fragen:

Was würde passieren, wenn ich diese Rolle nicht mehr einnehme?
Habe ich mir diese Rolle selbst ausgesucht? Erfüllt mich diese Rolle noch?
Bringt sie mich weiter?

Beispiel: Du wurdest unfreiwillig in den Elternbeirat gewählt. Dadurch hast du diverse Verpflichtungen und Termine einzuhalten. Deine freie Zeit würdest du gerne anders nutzen? Dann tue es! Fühle dich nicht in der Pflicht!
Du bist für deine freie Zeit selbst verantwortlich!

Sich in der Pflicht fühlen oder ein schlechtes Gewissen haben, wenn sie „Nein" sagen, steht vielen Menschen im Weg. Wenn die beste Freundin fragt, ob du ihr in der Not helfen und auf ihre Kinder aufpassen kannst oder der beste Kumpel mit einem Film und einer Pizza vor der Tür steht, ist es schwer „Nein" zu sagen, auch wenn man es eigentlich möchte.

Hier ein paar Tipps, damit das Nein-Sagen klappt, denn aus meiner Erfahrung heraus ist das Nein-Sagen eine der größten Herausforderungen für viele Menschen.

Du musst vorbereitet sein, damit du nicht überrumpelt wirst.
Sicher kannst du viele Situationen im Voraus

erahnen oder es sind sich ständig wiederholende Bitten, welche du abstellen möchtest.
Als Erstes solltest du dir eingestehen, dass du Nein sagen möchtest. Rede dir nicht selbst ein, dass du schon die Zeit findest oder dein ursprüngliches Vorhaben ja nicht so wichtig war. Spül dich nicht selbst weich! ;-) Stell dir die Situation, in der du Nein sagen möchtest und die Person beziehungsweise Personen vor! Stell dir deutlich vor, wie du Nein sagen wirst! Spiel es einfach schon einmal in deinem Kopf durch, wie eine kleine Proberunde zum Warmlaufen. Mache dir bewusst, mit welchen Fallstricken dein Gegenüber auftrumpfen wird. Mit welchen Tricks wird dich die Person von deinem Nein abbringen wollen? Mitleid, schlechtes Gewissen oder Verständnis einfordern? Auf welche Karte setzt dein Gegenüber? Welche Blicke und Gesten erwarten dich? Bereite dich darauf vor, indem du dir für jede mögliche Manipulation einen Antwortsatz überlegst.
Spüre, wie du dein Nein durchhalten wirst und freue dich schon auf das, was es dir bringen wird! Die Freiheit, das zu tun, was du selbst wolltest. Nur wenn du selbst von deinem Nein überzeugt bist,

kannst du auch andere überzeugen.
Fang mit kleinen Neins an und steigere dich langsam!

Gerne erhältst du auf den folgenden Seiten noch einige konkrete Formulierungstipps zum Nein-Sagen.

Allzu straff gespannt,
zerspringt der Bogen.

Johann Christoph Friedrich von Schiller

Kleiner Nein-Ratgeber

Ein charmantes Nein geht leichter über die Lippen und kommt beim Gegenüber besser an.

Herausforderung:
Du hast zu viel zu tun und dein Mitarbeiter, ein Kunde, ein/e Freund/in etc. hat die Bitte, dass du etwas zusätzlich erledigst. Du kannst abschätzen, dass du es nicht schaffen wirst. Du willst jedoch niemanden vor den Kopf stoßen.

Mögliche Antworten sind:
Freundlich „Nein" sagen mit dieser Formulierung:
„Gern tue ich das für Sie/dich. Ich habe folgende Dinge (Aufzählung) zu tun. Es ist absehbar, dass bei der gewünschten Qualität die Zeit nicht ausreichen wird."
„Gerne helfe ich Ihnen/dir beim nächsten Mal."
Wenn es zum Beispiel dein Vorgesetzter ist: „Was soll ich dafür weglassen?"

Verständnis zeigen mit dieser Formulierung:
„Ich kann gut verstehen, dass Sie/du Hilfe benötigen/

benötigst. Im Moment habe ich selbst so viel um die Ohren, dass ich Sie/dich gerne ab ... unterstützen kann."

Danke sagen mit dieser Formulierung:
„Danke, dass Sie/du da an mich gedacht haben/hast. Ich würde diese Herausforderung auch sehr gern annehmen, doch leider platzt mein Terminkalender aus allen Nähten."

Lösungsvorschlag anbieten mit dieser Formulierung:
„Ich kann Ihnen/dir leider nicht weiterhelfen. Aber ich kann Ihnen/dir einen externen Dienstleister empfehlen, der das schnell und preiswert erledigen kann."

Entgegenkommen zeigen mit dieser Formulierung:
„Dieses Mal kann ich Sie/dich leider nicht unterstützen. Diese Woche habe ich einfach viel zu viel zu tun. Doch wenn die Angelegenheit nächste Woche immer noch akut ist, sprechen Sie/sprich du mich einfach noch einmal an."

Bitte sei mutig und sag die Wahrheit, wenn du keine

Zeit oder keine Lust zu etwas hast, denn es wird dich langfristig nicht glücklich machen. Beachte dabei auch deine Wertvorstellung!
Es ist deine Lebenszeit. Wer ist für dein Leben verantwortlich? Wer plant dein Leben?
Richtig – Du!!!!

Kapitel 23

Sich Freude gönnen

Hast du schon mal von einem älteren Menschen gehört: „Ich wünschte, ich hätte mir mehr Freude gegönnt." Möchtest du dies später selbst sagen müssen?

Ich glaube, dass es vor allem um die Wertschätzung der kleinen Dinge geht, dass wir diese kleinen Freudenquellen in der Hektik des Alltags zu oft übersehen. Oft konzentrieren sich Menschen nur auf die Ergebnisse ihrer Mühen. Den Weg dorthin bitte auch wahrnehmen und wertschätzen! Mein Motto ist es, nicht alles zu ernst zu nehmen und nicht ständig darüber nachzudenken, wie ich auf andere wirke. Nimm's mit Leichtigkeit! Ja, auch ich als Elefant nehme es mit Leichtigkeit.

Glück ist jetzt! Genießen und Freude annehmen macht glücklich.

Die Lektionen

Joel fragte seinem Opa immer Löcher in den Bauch. Nachdem wir nun erfuhren, dass Joels Opa in der Stadt aufgewachsen war, hatte Joel ein weiteres Dutzend Fragen. Er fragte ihn, ob er denn nie traurig war, dass sie die Stadt verlassen hatten. Er hatte doch sicher viele Freunde dort.

Weiterhin wollte er wissen, warum er nie zurück wollte. Das waren alles gute Fragen und ich freute mich wieder sehr über meine tiefe Freundschaft zu Joel. Joel sprach mir aus der Seele und stellte genau die Fragen, die auch ich beantwortet haben wollte.

„Nun mal langsam, Joel. Eine Frage nach der anderen", sagte Joels Opa und fing an zu erzählen.

„Als wir damals die Stadt verließen, ging ich mit einem weinenden und einem lächelnden Auge. So ist es oft im Leben. Auch du wirst diese Erfahrungen noch machen. Ich freute mich sehr auf ein neues Leben im Dorf mit der restlichen Familie und vor allem auf die Zeit mit meinem Vater und meiner Mutter. Auf der anderen Seite hatte ich natürlich Freunde in der Stadt, die ich nun verlassen musste."

An seinem Blick konnten wir erkennen, dass er

überlegte und nach den richtigen Worten suchte. „Ich wünschte, ich hätte den Kontakt zu meinen Freunden gehalten! Lieber Joel, es ist das Leben und seine Geschäftigkeit, welche Freundschaften auseinandertreibt. Lass dies bei dir nicht zu!“
Joels Opa klang so, als ob er dies mehr zu sich selbst als zu Joel sagte. Es ist nicht selbstverständlich, dass wahre Freunde immer für einen da sind und sie uns immer verstehen werden. Könnte es ein Trugschluss sein? Können sich Menschen noch verstehen, wenn sie nicht mehr wissen, was im Leben des anderen passiert? Das Leben geht weiter. Über vergangene Tage kann man gemeinsam lachen und weinen. Dies verbindet und gibt Kraft! Könnte auch dies mit der Zeit schwieriger werden? Reicht das aus, um aktuelle Herausforderungen zu meistern? Ich bin schon alt und muss gestehen, dass mir leider oft der Mut gefehlt hat, mich bei Freunden zu melden, nachdem wir uns jahrelang nicht umeinander gekümmert hatten. Obwohl es eine meiner größten Ängste ist, gerade im Alter alleine zu sein, konnte ich mich nie überwinden, auf die Menschen von damals zuzugehen. Das war wohl auch der Grund dafür, weshalb ich nie zurück wollte. Ich hatte irgendwie

Angst. Nie habe ich mich gemeldet und dann wäre ich einfach so aufgetaucht. Was wäre gewesen, wenn mich niemand erkannt hätte oder gar nicht mit mir hätte reden wollen?

Lass es nicht zu, in diese Situation zu kommen, mein lieber Joel. Besinn dich auf deine Freundschaften, die es dir wert sind, und pflege sie!

In diesem Moment sah Joel mich an und ich spürte, wie wichtig ihm unsere Freundschaft war. Das erfüllte mich mit purer Glückseligkeit.

Freundschaften pflegen

Fallen dir auch geliebte Menschen ein, zu denen du derzeit keinen Kontakt mehr hast? Willst du dies gerne ändern? Worauf wartest du noch? Greif zum Telefon, zum Stift oder was auch immer! „Wir haben uns schon so lange nicht gesehen/gehört. Ich freue mich ... Jetzt habe ich meinen ganzen Mut zusammengenommen, um dich zu erreichen ..." Es ist ganz einfach! Probier es!

Freunde sind dazu da, um einen selbst daran zu erinnern, wer man ist, wenn man nicht gerade Mutter/Vater, Tante/Onkel oder Oma/Opa ist. Bei Freundschaften geht es darum, so angenommen zu werden, wie man ist und nicht, wie man sein sollte. Es gibt Freundschaften, die kommen und begleiten dich eine Zeit und dann gehen sie wieder. Und auf der anderen Seite gibt es Freundschaften, welche lange Zeit andauern und dich ein ganzes Leben begleiten. Beide Arten von Freundschaften sind wertvoll und gehören zum Leben.

Eines Nachts

In meiner kuscheligen Ecke an Joels Hütte schlief ich tief und fest. Ich träumte von Joel und mir. Wir spielten am Fluss und ich beobachtete das fließende, lebendige Wasser, wie es um meine vier Beine wirbelte. Das Rauschen des Flusses war laut, und doch drangen vereinzelt geflüsterte Worte in mein Bewusstsein. Ich konzentrierte mich auf das Geflüster und lauschte angestrengt. Joel und der Fluss verschwammen und ich erkannte das klare Sternenzelt über mir. Ich war wach. Noch bevor ich darüber nachdenken konnte, was mich geweckt hatte, hörte ich wieder ein Flüstern. Und dann gleich darauf noch eines. Ich erkannte mehrere Stimmen. Sie schienen vom Feld zu kommen. Wer sollte denn mitten in der Nacht auf dem Feld arbeiten? Das erschien mir sehr ungewöhnlich. Ich hörte es rascheln und begriff, dass sich dort im Feld nicht nur ein oder zwei Menschen aufhalten mussten. Nein, es hörte sich nach vielen Menschen an. Und da schoss mir eine Erinnerung in den Kopf. Ich konnte während einer Versammlung der Dorfgemeinschaft aufschnappen, wie sich die Männer über einen

Schutz der Felder unterhielten. Also mussten sie Angst vor Plünderern haben. Die Ernte war fast reif und sollte bald eingeholt werden. Ein Raubzug würde sich also durchaus lohnen.
Wütend stand ich auf und schlich mich zum Feld. Ich dachte an die harte Arbeit, welche die Männer mit den Feldern hatten, und daran, dass die Ernte für das Dorf sei. Ich dachte an die vielen Frauen und Kinder, welche schon freudig auf die Ernte hinfieberten. Die Wut in mir wurde immer größer. Mit welchem Recht wollten jetzt gemeine Diebe den Lohn für die harte Arbeit anderer einstreichen? Innerlich kochte ich bereits. Was dazu führte, dass aus meinem Schleichen ein fester stapfender Gang wurde. Die Bewegungen im Feld erstarrten und ich stöhnte, als ich erkannte, dass das Überraschungsmoment verloren war.
„Ihr gemeinen Diebe, raus aus dem Feld!", rief ich laut. Dann fiel mir ein, dass für euch Menschen ja nur ein ärgerliches Getröte zu hören sein musste. „Ach, Anando, so kommst du nicht weiter", dachte ich und erschrak in diesem Moment fürchterlich, als ich eine Antwort bekam. „Wer ist da?", fragte die fremde Stimme. Es war eine weibliche Stimme. Liebreizend

und warm. Ich war so perplex, dass es mir schwer fiel, einen Ton herauszubekommen. „Was ist hier los? Wer ist da?“, fragte ich fassungslos zurück. „Ich komme heraus, wenn du mir nichts tust“, sagte sie. Über diese Antwort war ich irgendwie betrübt. Ich, Anando, könnte doch keiner Fliege etwas antun. So schnell meine Wut gekommen war, war sie auch wieder verraucht. „Nein, selbstverständlich werde ich dir nichts antun. Komm heraus!“
Diesen Augenblick werde ich für den Rest meines Lebens nicht mehr vergessen. Aus der Dunkelheit kam eine Elefantenkuh auf mich zu.

Als Erstes trafen sich unsere Blicke und ein seltsames, mir völlig unbekanntes Gefühl durchströmte meinen Körper. Mir wurde kalt und heiß zugleich und meinen Beinen vertraute ich einen Moment lang nicht mehr. Sie stockte für eine Sekunde in ihrem Gang und ich bemerkte, wie auch ihre Gedanken Achterbahn fuhren.

Nach den richtigen Worten suchend, stieß ich ein schüchternes „Hallo“ hervor. Dieses freundliche „Hallo“ ließ sie tief durchatmen und ein wenig von ihrer Angst verlieren. „Ich bin Anando“, sagte ich zu ihr. Sie zögerte, sagte dann aber: „Ich bin Kamuka.“

„Kamuka“, wiederholte ich leise.

Ihre tiefdunklen Augen blickten mich ängstlich und fragend an. „Was machst du hier?“, fragte sie mich. „Ich lebe hier im Dorf. Aber was machst du hier? Plünderst du unser Feld?“ Sie schaute mich verwirrt an. „Euer Feld?“ „Ja, das Feld wurde von den Männern unseres Dorfes angelegt. Ich habe ihnen geholfen.“ Sie schaute immer noch verwirrt. „Du lebst hier?“, fragte sie. „Ja, bei Joel und seiner Familie. Sie haben mich gerettet.“ Ihre Augen wurden größer: „Die Menschen haben dich gerettet?“

In diesem Augenblick raschelte es wieder hinter ihr

im Feld und eine weitere Elefantenkuh trat aus dem Feld. „Kamuka, komm schnell! Wir müssen los, die Herde zieht schon weiter."

Mir ging auf einmal so viel durch den Kopf. Elefantenherde? Kamuka? Sie muss weg? „Oh nein", rutschte es mir raus. „Geh noch nicht", sagte ich leise und sah ihr tief in die Augen. Dabei dachte ich nur, dass ich sie nicht gehen lassen konnte. Ich wollte, nein, ich musste sie unbedingt kennenlernen. Irgendetwas zog mich zu ihr hin. Ich spürte eine große Angst in mir aufkommen. Die Angst, dass sie weggehen würde.

„Ich muss gehen", sagte sie. „Ohne unsere Herde können wir nicht sein." Es fühlte sich an, als würde mein Herz zerspringen. Was ist nur los mit mir? Wie soll ich das einordnen? Wer ist diese Kamuka, dass sie mich so extrem verunsichern kann?

Sie legte sanft ihren Rüssel an meinen und holte mich so aus meinem Gedankenwirrwarr heraus. „Anando, willst du mit uns kommen? Willst du mich begleiten?"

„Ja", hörte ich mich selbst sagen. Hatte ich das wirklich gesagt? Einfach so, ohne lange über diese Entscheidung nachzudenken? Es war mein erster

Impuls und ich wollte es wirklich. „Ja, ich möchte dich begleiten“, sagte ich noch einmal.

Wie sie mich jetzt ansah: mit einer Mischung aus Überraschung und Freude. Sie freute sich ganz offen darüber. Und sagte „Wie schön. Ich freue mich sehr darüber, Anando.“

„Dann los!“, rief die andere Elefantenkuh und lief zurück in das Feld. Kamuka folgte ihr und ich spürte, wie sich auch meine Beine in Bewegung setzten. Wieder einmal in meinem Leben hatte ich das Gefühl, ferngesteuert zu sein – als ob eine höhere Macht die Führung übernimmt, wenn es wichtig ist. Es gab mir das Gefühl, dass ich Vertrauen haben konnte. Meine Gedanken fuhren Achterbahn und ich ließ mich einfach von meinem Gefühl leiten. Mein Gefühl zog mich zu Kamuka hin. Kurz kam mir Joel in den Sinn und ich verdrängte diesen schmerzhaften Gedanken sofort wieder. Ich sagte mir selbst, dass ich ja nur mal schauen wollte, wer diese Kamuka ist, und dass ich ja gleich morgen oder übermorgen zurückkommen könnte. Wir liefen durch das Feld und direkt in den dichten Regenwald. Mein Herz schlug schnell und heftig. Das Blut pulsierte durch meine Adern und es fiel mir schwer, mich zu konzentrieren. Es war feucht und kalt, doch die Hitze des Tages steckte noch in dem weichen Boden und ich spürte die Wärme unter meinen Füßen. Das gab mir ein beruhigendes Gefühl und ich versuchte, mich nur auf diese Restwärme zu konzentrieren.

„Immer nur hinterher, Anando!", sagte ich mir. „Einfach hinterherlaufen." Wie lange wir liefen, kann ich nicht mehr sagen, denn alles lief wie ein Film an mir vorüber.

Auf seinen Bauch hören

Kennst du das auch, wenn dein Bauch dir ein Gefühl sendet? Es gibt Ereignisse, Personen oder Vorhaben, bei denen wir ein gutes Gefühl haben. Dann spüren wir klar und deutlich eine positive Aufregung, Vorfreude oder Glückseligkeit in unserem Bauch. Doch es gibt auch Situationen, in denen wir ein schlechtes Bauchgefühl haben. Dann spüren wir Angst, Druck oder Ablehnung. Unser Bauchgefühl täuscht uns selten, denn unser Darm denkt mit.

Wissenschaftlich betrachtet ist es so, dass im Darm des Menschen rund 200 Millionen Nervenzellen vorhanden sind. Dies entspricht der Menge an Nervenzellen im Gehirn eines Hundes. Wenn Hunde also intelligent sind, ist es unser Darm auch.

Der Bauch gilt als unser zweites Gehirn.
Wie heißt es so schön im Volksmund: Aufregung schlägt auf den Magen, Verliebte haben Schmetterlinge im Bauch, Unangenehmes liegt schwer im Bauch, Entscheidungen werden aus dem Bauch heraus getroffen und so weiter. Wir spüren

manchmal ganz deutlich, dass unser Gehirn nicht alles alleine kontrolliert.
Die Wissenschaft weiß, dass in unserem Bauch Millionen von Neuronen und viele Hunderttausend Milliarden Bakterien, die unsere Persönlichkeit beeinflussen, vorhanden sind.

Michael Gershon von der New York Columbia University sagt ganz klar, dass der Darm das zweite Gehirn ist – nur im Bauch. Der Neurobiologe beschäftigt sich mit der großen Rolle des Darms, da dieser lange Zeit verkannt war.
Michael Gershon beschreibt, dass unsere Darmwand mit 200 Millionen Nervenzellen überzogen ist. Diese regeln die Verdauung. Für diesen unheimlich komplizierten Vorgang, die Aufspaltung der Nahrung in möglichst kleine Teile, brauchen wir eine Vielzahl von Nervenzellen.

Die Menschen besitzen also zwei Gehirne. Das obere Gehirn nennen Wissenschaftler zentrales Nervensystem und das untere Gehirn, den Darm, nennen sie intrinsisches Nervensystem. Beide Gehirne sind sich nicht nur anatomisch verdammt ähnlich.

Die Natur hat den Menschen zwei voneinander getrennte Gehirne gegeben. Durch die Auslagerung des zweiten Gehirns in den Bauch arbeitet das obere Gehirn im Kopf viel effektiver.

Michel Neunlist vom Institut des Maladies de l'Appareil Digestif in Nantes in Frankreich spricht in seinen Forschungen darüber, dass der Darm nicht das zweite, sondern sogar das erste, ursprüngliche Gehirn ist. Die Evolution hat unser Kopfgehirn erst später ausgebaut, um die Ernährung zu verbessern und die Nahrungssuche zu optimieren. Ohne diese Arbeitsteilung würden wir unsere gesamte Energie sonst nur auf die Verdauung verwenden.

Vor rund 1,5 Millionen Jahren erlangte der Homo sapiens, genauer der Homo erectus (ergaster), die Fähigkeit, mit Feuer umzugehen, welches eine Art Vorverdauung möglich machte und die Kauleistung minimierte. Somit konnte Körperenergie eingespart werden. Ebenso konnte bei der Verdauung bis zum 16-Fachen an Energie durch gegarte Nahrung eingespart werden. Da dann also das Bauchgehirn, der Darm, gut funktionierte, konnte sich das Kopfgehirn weiter entwickeln. Das heißt, unser

Gehirn wuchs über die Jahrtausende immens an. Dank unseres nun großen Gehirns können wir auch einmal an etwas anderes denken, als nur an unseren Bauch und an Nahrungsaufnahme. Also klare Aufgabenverteilung: mit dem Kopfgehirn denken und mit Bauchgehirn verdauen? Nein, nicht ganz. Diese beiden Nervensysteme sind miteinander verbunden und stehen ständig in Kontakt. 90% funkt der Darm ans Gehirn und 10% funkt das Gehirn in den Darm. Sie verständigen sich zum Beispiel über den Botenstoff Serotonin. Im Kopfgehirn bedeutet Serotonin Wohlbefinden. Im Bauch bestimmt es den Rhythmus unserer Darmtätigkeit und reguliert unser Immunsystem. 95 Prozent unseres Serotonins wird im Darmtrakt produziert. Es kommt also aus dem Bauch, gelangt über unser Blut ins Gehirn und wirkt sich auf unsere Gefühle aus. Das bedeutet also, dass sich nicht nur unsere Gefühle auf den Bauch auswirken, sondern auch umgekehrt. Der Bauch beeinflusst unsere Gefühle. Unser Bauch kann uns glücklich machen. Für die Medizin bedeutet dies, dass zum Beispiel Menschen mit Krankheiten wie Reizdarmsyndrom über Hypnose behandelt werden können und es ihnen besser geht.

Ganz profan gesagt: hypnotische Beeinflussung des Gehirns – und Bauchschmerzen nehmen ab. Die durch Schmerz reagierenden Segmente des Gehirns wurden durch Hypnose beeinflusst und das mit positiven Ergebnissen. Hypnose ist also nichts Spirituelles, sondern eine effektive Schmerztherapie. Ebenfalls können die Ursachen für Depressionen und viele weitere Krankheiten im Bauch liegen. Die neuesten Erkenntnisse machen es möglich, dass Ärzte bereits Krankheiten wie Parkinson über Gewebeproben (Nervenzellen) aus dem Darm diagnostizieren können, ohne eine gefährliche Gehirnbiopsie durchführen zu müssen. Es lassen sich so Informationen über den Zustand des Gehirns aus dem Darm gewinnen. Der Bauch ist also das Fenster zum Gehirn. Die Wissenschaft fängt gerade erst an, die Kommunikation zwischen unseren beiden Gehirnen zu entschlüsseln.

Was hat das nun alles mit dem Glücklichsein und der Glückseligkeit zu tun? Unsere Fähigkeit, positiv zu denken und uns gegen Ängste und Depressionen zur Wehr zu setzen, kann von den Signalen bestimmt werden, die unser Darm an das Gehirn schickt. So nimmt er Einfluss auf unser Unterbewusstsein.

Du nimmst mit deinem Denken Einfluss auf dein Unterbewusstsein, auf dein Kopfgehirn und auf dein Bauchgehirn und damit auf dein Wohlbefinden und auf deine Gesundheit. Bisher haben wir die westliche Medizin betrachtet. Die traditionelle chinesische Medizin hat schon seit Jahrtausenden die ganzheitliche Sicht auf den Menschen. In der chinesischen Medizin kommunizieren die Organe mithilfe des Chi, der Lebensenergie, die uns mit dem Universum verbindet. Dieses medizinische System ist eng mit der chinesischen Kultur verbunden. In China werden westliche und traditionelle Medizin miteinander vereint. Bei den Behandlungen geht es immer darum, die Ursache zu finden und nicht nur die Wirkung zu bekämpfen, sodass viele Behandlungen auf den Bauch spezialisiert sind, da dieser oft als Ursachenherd gilt. Und so werden in der chinesischen Medizin Stresssymptome mit Bauchakupunktur und ähnlichen traditionellen Verfahren behandelt. MRT-Aufnahmen haben bewiesen, dass nach den Bauchakupunkturen deutliche Reaktionen im Gehirn stattfanden. Wir sollten also akzeptieren, dass es eine energetische Anatomie gibt, die in den westlichen medizinischen

Lehrbüchern nicht vorkommt.
Bitte sei dir dessen bewusst! Hör auf dein Bauchgefühl und achte immer darauf, dass es dir gut geht! Du kannst deine Glückseligkeit und deine Gesundheit positiv beeinflussen.

Wenn du vor schwierigen Entscheidungen stehst, beziehe dein Bauchgefühl mit ein. Entscheidungen, die rein rational getroffen werden, müssen nicht zwangsläufig die richtigen sein. Ebenso können auch Entscheidungen, die aus dem Bauch getroffen werden, falsch sein. Es gibt keine Garantie für die korrekte Art der Entscheidung. Wenn du allerdings ein gutes Gefühl im Bauch hast, wirst du immer beruhigter und positiver hinter deinen Entscheidungen stehen. Schon Sigmund Freud hat gesagt: „Wir treffen Entscheidungen im Bauch und begründen sie mit dem Kopf."
Je schwieriger die Entscheidungssituation ist, umso mehr sind wir auf unser Bauchgefühl angewiesen. Denn sobald der Verstand das Mögliche analysiert hat, können wir uns für den restlichen Teil nur noch auf unser Bauchgefühl verlassen. Deine Intuition ist dir ein hilfreicher Ratgeber. Dein Bauchgefühl äußert

sich in unmittelbar auftretenden Körpersignalen, die dir entweder „Zustimmung“ oder „Vermeidung“ signalisieren. Ein Kribbeln im Bauch, ein fröhliches Herzflattern oder andere Gefühle und Körperreaktionen, die du als angenehm empfindest, signalisieren dir Zustimmung. Ein Engegefühl in der Brust, Schmerzen in der Magengegend oder andere Gefühle oder Körperreaktionen, die du als unangenehm empfindest, signalisieren dir Vermeidung. Solltest du eine Herausforderung damit haben, auf deinen Bauch zu hören, kannst du dies trainieren. Es ist ein Achtsamkeitstraining und bedarf ein wenig Zeit und Geduld. Das Ergebnis, eine bessere Körperwahrnehmung, wird dich belohnen. Beobachte dich selbst und achte auf deine Gefühle in verschiedenen Situationen. Du kannst die Gefühle auch bewusst hervorrufen, wenn du an bestimmte Erlebnisse denkst. Hör in dich hinein, ob du beim Gedanken an etwas Gutes eher ein Herzklopfen, ein Herzflattern oder eine Gänsehaut bekommst. Wie sind deine Reaktionen auf negative Erlebnisse? Lerne deine Gefühle kennen und ordne sie den Kategorien „Zustimmung“, also positiv, oder „Vermeidung“, also negativ, zu. Mit der Zeit wird es dir immer leichter fallen, auf deinen Bauch zu hören.

Noch einmal zu den bereits erwähnten Bakterien im Darm – das ist einfach ein spannendes Thema: Es sind Hunderttausend Milliarden Bakterien im Darm eines einzelnen Menschen. Das sind tausend Mal mehr Bakterien im Darm als es Sterne in unserer Galaxie gibt. Jeder einzelne Mensch hat hundert Mal so viele Bakterien in seinem Bauch als Zellen in seinem Körper. Gewogen sind es 1 bis 2 Kilogramm Bakterien im Bauch. Dazu kommen noch die Abermilliarden Bakterien auf unserem Körper. Also bestehst du eigentlich mehr aus Bakterien als aus Mensch. :-) Du bist ein Ökosystem. Es entsteht eine Win-win-Situation: Du gibst den Bakterien einen Lebensraum und diese Bakterien erledigen einen Großteil der Verdauung im Darm für dich. Die dabei entstehende Energie, zum Beispiel in Form von Kohlenhydraten (Bakterien erzeugen bis zu 30 Prozent unserer Kohlenhydrate), steht deinem Körper zur Verfügung. Sie ermitteln auch, welche Bestandteile in der Nahrung giftig oder nicht giftig für dich sind. Unser Immunsystem im Darm wird quasi von den Bakterien ausgebildet. Ohne Bakterien könnten wir nicht überleben.

Stephen M. Collins und sein Team aus Ärzten und Wissenschaftlern von der Universität McMaster in Hamilton in Kanada haben verschiedene Tests mit Mäusen gemacht. Die vorhandenen Bakterien in einem Darm werden unter dem Begriff „Mikrobiom“ zusammengefasst. Die Wissenschaftler entnahmen Proben des Mikrobioms von sehr lebhaften, aufgedrehten und aggressiven Mäusen und verabreichten diese einer anderen Gruppe mit ruhigen und sehr zurückhaltenden Mäusen. Die ursprünglich ruhigen Mäuse wurden nun sehr lebhaft, aktiv, quirlig und auch aggressiv. Dieser Versuch wurde ebenso umgekehrt gemacht. Das Mikrobiom der ruhigen Mäuse wurde den lebhaften Mäusen verabreicht und diese wurden daraufhin sehr ruhig und vorsichtig. Dieses Experiment hat bewiesen, dass das Mikrobiom das Gehirn der Mäuse beeinflusst hat. Die Entdeckung von Stephen M. Collins sorgte weltweit für Aufregung, und Wissenschaftler aus Europa machten ebenfalls ihre Tests und bestätigten dies. Nun musste festgestellt werden, ob dies auch für Menschen gilt. Wir wissen, dass Antibiotika die Bakterien abtöten und Probiotika die Bakterien unterstützen. In einer Studie in Frankreich aßen 60 gesunde Frauen über zwei Wochen probiotischen Joghurt und es konnten Veränderungen im Gehirn nachgewiesen werden. Es wurde überprüft, wie sie vor und nach den zwei Wochen auf Stress und negative Emotionen, hervorgerufen durch Bilder, reagierten und was im Gehirn passierte. Es ist schon sehr erschreckend, dass eine Veränderung im Gehirn durch ein einfaches Lebensmittel hervorgerufen werden kann. Das bedeutet also, dass unser Mikrobiom unsere Gesundheit und vor allem unser Verhalten beeinflusst. Die Bakterien beeinflussen also, wer wir sind und wie wir sind. Da sind sich die Ärzte und Wissenschaftler einig, auch wenn sie noch nicht viel darüber wissen.

Dieses Thema finde ich sehr spannend. Als eines von vielen Fazits aus diesem Wissen, könntest du zukünftig deine Ernährung genauer betrachten. Denn nun ist dir wirklich bewusst: Du bist, was du isst! Welches Kraftfutter stellst du deinem Körper zur Verfügung? Achte auf dich, indem du auf deine Ernährung achtest. Befindlichkeitsstörungen kommen aus dem Darm. Depressive und Burnout-Patienten haben immer eine aufgewühlte Darmflora. Ein Beispiel für den Zusammenhang zwischen Glücksgefühl und Darm ist die Aminosäure Tryptophan, welche der Körper benötigt, um Serotonin zu erzeugen. Diese wird im Darm gebildet. Serotonin wird auch das Chef-Hormon genannt und ist einer der wichtigsten Botenstoffe für unseren Körper. Der Botenstoff Serotonin spielt eine wichtige Rolle für unsere Stimmung: Ein Serotoninmangel macht sich im schlimmsten Fall als Depression bemerkbar. Menschen mit einem niedrigen Serotoninspiegel denken in Problemen. Menschen mit einem hohen Serotoninspiegel denken in Lösungen. Also macht der Darm uns glücklich. 90% der Glückshormone werden im Darm erzeugt und an das Gehirn gefunkt.

Wie bereits geschrieben, hängt das menschliche Verhalten von den Darmbewohnern ab. Wenn sich also ein Mensch verändert hat oder oft ein anderes Verhalten zeigt als früher, also schlechte,

gereizte Stimmung zeigt, kann dies ein Zeichen auf schlechte Darmbewohner sein. Sehr oft ist dieser Stimmungs- bzw. Verhaltenswechsel nach einer Antibiotikaeinnahme zu spüren, da dann das komplette Biotop im Darm zerstört wurde. Die neuen Darmbewohner haben auch das Verhalten neu gemacht. Du bist dem nicht ausgeliefert, sondern hast es in der Hand. Achte auf deine Ess- und Lebensgewohnheiten! Minimiere deinen negativen Stress! Achte auf ausgewogene Bewegung und betreibe Gedankenhygiene! Du hast nur einen Körper - diese eine Maschine. Behüte und pflege sie!
Schau, was dir gut tut und Spaß macht.

Die Qualität deines Lebens hängt von der Qualität deiner Gewohnheiten ab.

Was ist mir heute Tolles passiert?

Wofür bin ich heute dankbar?

Was habe ich an meiner Kindheit geliebt?

Was ist mir heute Tolles passiert?

Wofür bin ich heute dankbar?

Wem zeige ich morgen Dankbarkeit?

Was ist mir heute Tolles passiert?

Wofür bin ich heute dankbar?

Welchen Schulfreund möchte ich einmal wieder treffen?

Was ist mir heute Tolles passiert?

Wofür bin ich heute dankbar?

Was tue ich morgen für meinen Körper?

Was ist mir heute Tolles passiert?

Wofür bin ich heute dankbar?

Wie fühle ich mich, wenn ich mein Tagebuch führe?

Was ist mir heute Tolles passiert?

Wofür bin ich heute dankbar?

Was wurde mir heute bewusst?

Was ist mir heute Tolles passiert?

Wofür bin ich heute dankbar?

Womit verbringe ich am liebsten meine Zeit?

Was ist mir heute Tolles passiert?

Wofür bin ich heute dankbar?

Wo fühle ich mich geborgen?

Was ist mir heute Tolles passiert?

Wofür bin ich heute dankbar?

Was ist mir im letzten Jahr Besonderes gelungen?

Was ist mir heute Tolles passiert?

Wofür bin ich heute dankbar?

Was war mein größtes erhaltenes Lob?

Was ist mir heute Tolles passiert?

Wofür bin ich heute dankbar?

Welche kleine Sünde möchte ich begehen?

Was ist mir heute Tolles passiert?

Wofür bin ich heute dankbar?

Was motiviert mich?

Was ist mir heute Tolles passiert?

Wofür bin ich heute dankbar?

Welches Lied drückt am besten aus, wie ich mich fühle, wenn ich glücklich bin?

Was ist mir heute Tolles passiert?

Wofür bin ich heute dankbar?

Wem werde ich dieses Buch schenken?

Die Herde

In dieser Nacht schlief ich sehr unruhig. Meine Gedanken wirbelten wie ein Tornado durch meinen Kopf. Ich träumte von Joel und von Kamuka. Wer war sie? Warum warf ich mein ganzes Leben für sie über den Haufen? Ich war hin- und hergerissen. War meine Entscheidung die richtige?

Nachdem wir in der Nacht eine gefühlte Ewigkeit gelaufen waren, kamen wir an einer Wasserquelle an. Ich kann mich noch daran erinnern, wie ich große Schlucke trank und meinen Durst stillte. Danach legte ich mich erschöpft und immer noch wie in Trance auf ein weiches Moosbett.

Nun brach der Morgen an und ich erwachte aus meinem unruhigen Schlaf. Ich wagte es nicht, meine Augen zu öffnen und beschloss erst einmal in die fremde Umgebung zu lauschen. Nach und nach hörte ich die verschiedenen Geräusche um mich herum. Ein Rauschen, ähnlich wie das von unserem Fluss. Aber es war lauter und irgendwie kräftiger. Es musste ein Wasserfall sein. Die typischen Geräusche des Regenwaldes waren zu hören: das Zirpen und Brummen der Insekten, die entfernten Schreie der

Affen in den Baumwipfeln, das Flattern der Vögel, welche die Insekten jagten, das Quaken der Frösche und Kröten. Viele bekannte Geräusche, die mir ein gutes Gefühl gaben. Doch dann drang ein weiteres Geräusch in mein Bewusstsein. Ein Geräusch, welches ich nicht gleich zuordnen konnte. Es war ein bekanntes Geräusch. Ein Geräusch, welches mich an meine Vergangenheit erinnerte. An meine Vergangenheit im Arbeiterlager. Mein Herz schlug schneller und ich riss erschrocken meine Augen auf.

Über mir thronten gewaltige Baumkronen. So volle und satte Baumkronen hatte ich noch nie gesehen. Ich musste sehr tief im Urwald sein – so tief, wie ich es nie zuvor war. Ich lag im Schatten an einem überwältigend großen Baumstamm, der zu diesen beeindruckenden Baumkronen gehörte. Und da lag sie: Kamuka. Sie lag ganz friedlich und entspannt neben mir und träumte noch immer tief und fest. Ich erwischte mich dabei, wie ich mir für einen kurzen Moment wünschte, dass sie von mir träumen würde. Bei ihrem Anblick war meine Aufregung sofort verflogen und ich spürte, wie mein Herz Freudensprünge machte. In diesem Augenblick

wusste ich, dass ich meine gestrige Entscheidung niemals bereuen würde. Mein Bauchgefühl und meine Intuition hatten mir den richtigen Weg gewiesen.
Das Geräusch, welches mich so aufschrecken ließ, waren die Atemgeräusche der Elefantenherde, in deren Mitte ich lag. Im Arbeiterlager waren wir auch eine große Gruppe Elefanten und aus diesem Grund kenne ich das Geräusch von schlafenden Elefanten gut. Nur diesmal ist es etwas ganz anderes. Es ist überhaupt nicht zu vergleichen. Ich bin frei und aus eigener Entscheidung hier. Hier bei ihr – bei Kamuka.

Die Sonne stieg nun immer höher und ich konnte beobachten, wie sie den Schatten auf Kamukas Gesicht verdrängte. Als die Sonnenstrahlen auf ihre geschlossenen Augen fielen, fing ihre Atmung an sich zu verändern. Ich beobachtete alles ganz genau. Ich wollte keine Sekunde verpassen. Sie fing an zu blinzeln und wachte auf. Voller Neugier starrte ich sie an und als ich bemerkte, wie ihre Augen die meinen trafen, schaute ich schnell verlegen in eine andere Richtung. Sie lächelte und schnaubte dabei ganz süß. „Ganz süß", dachte ich und fragte mich, was nur mit mir los war. Als ausgewachsener Elefantenbulle redete man nicht von „ganz süß". Ich war froh, dass Kamuka meine Gedanken nicht hören konnte.

„Guten Morgen", hauchte sie zu mir herüber und setzte ein atemberaubendes Lächeln auf. Okay, ich konnte mich nicht dagegen wehren. Sie war mehr als süß und ich bin froh, dass ich noch nicht stand, denn jetzt hätte ich mich wieder hinlegen müssen. Ich war zu Wachs geworden und floss dahin. Ich war bis über beide Ohren verliebt.

„Guten Morgen", gab ich zögerlich zurück. „Wie hast du geschlafen?", fragte sie mich und ich

antwortete ehrlich: „Unruhig." Ich hatte keine Lust auf Spielchen und wollte offen mit ihr über alles reden. Ich wollte mich nicht mehr verstellen und den Starken spielen. Ich war wie ich bin. Diesen Entschluss traf auch Kamuka im ersten Moment. Wir redeten ganz offen über unsere Gefühle und waren uns sofort einig, wie verrückt das alles war. Kopfüber hatte ich mich in ein Abenteuer gestürzt, ohne zu wissen, was mich erwartete. Das fühlte sich echt mutig an. Ich war stolz auf mich. Wieder drang es in meinen Kopf: „Das Leben ist zu kurz, um ängstlich zu sein! Anando, dein Leben ist zu kurz, um ängstlich zu sein!" Diese Worte gingen mir auch damals vor meiner Flucht durch den Kopf und alles wurde gut. Ich hatte auch jetzt die absolute Gewissheit und das Vertrauen, dass alles gut werden würde. Mit Kamuka an meiner Seite würde alles gut werden. Das fühlte ich.
Die nächsten Tage vergingen wie im Flug. Es gab so viel Neues für mich. Ich lernte die komplette Herde kennen und alle waren mir direkt sympathisch. Da gab es zum Beispiel Liem, der für jeden ein offenes Ohr hatte. Dann Kamukas beste Freundin, Saguna, welche ich auch in der ersten Nacht schon gesehen

hatte. Unser Alphaelefant war Rashpal. Er war der Boss und hatte alles im Griff. Er organisierte die Futtersuche und die Wanderungen. Dann gab es Anuva. Sie war die älteste Elefantenkuh in unserer Herde und wusste immer einen Rat.

Es überwältigte mich fast. Meine Gefühle zu Kamuka nahmen Dimensionen an, von denen ich nie erwartet hätte, dass ich in der Lage wäre, so viel für jemanden zu empfinden. Auch Kamuka schenkte mir schnell ihr Herz und das machte mich zum glücklichsten Elefanten auf der weiten Welt.

Kamuka und ich redeten viel und wollten alles voneinander erfahren. Auch die anderen waren neugierig und wollten vor allem meine Geschichten von den Menschen hören. Ich musste ihnen alles haarklein erzählen. Dadurch verarbeitete auch ich meine Geschichte und sortierte meine Gedanken. Ich empfand es nicht als Belastung, über meine Vergangenheit zu reden. Im Gegenteil, es half mir dabei, meine Position zu finden. Ich hatte so viel erlebt und gelernt. Gerne wollte ich es weitergeben. Ich erzählte, wie ich als Arbeiterelefant in Gefangenschaft lebte, welche Verletzungen mir mein Reiter zugefügt hatte und dass ich all

meine Kraft für die Flucht aufgebracht hatte. Dann erzählte ich von Joel und seiner Familie. Die anderen Elefanten waren so überrascht, dass Joels Familie mir geholfen hatte. Sie selbst hatten Angst vor den Menschen. Joels Familie hatte mich gepflegt und aufgenommen. Ohne sie hätte ich es wohl nicht geschafft. Ich erzählte den anderen, was ich über Dankbarkeit und Verantwortung gelernt hatte und welche Weisheiten Joels Opa kannte. Sie wollten alles genau erfahren und so ergab es sich, dass ich die Rolle des abendlichen Geschichtenerzählers einnahm. In dieser Rolle fühlte ich mich wohl und schnell merkte ich, dass es mir leicht fiel, das selbst erlernte Wissen weiterzugeben. Durch das Lehren lernte ich selbst auch eine Menge und es machte mir viel Spaß. Kamukas beste Freundin Saguna war auch für mich eine gute Freundin geworden. Sie war immer besonders an den Geschichten über die Menschen interessiert und fragte mich mehr aus als alle anderen. Mit Sagunas Hilfe erfand ich eine tolle Eselsbrücke. Mit dieser Eselsbrücke war es für mich und die anderen leicht, die Lektionen von Joels Opa zusammenzufassen und zu behalten.
Gerne verrate ich sie dir hier.

S wie Schuldgefühle ablegen
T wie Treue zu seinen Freunden halten
Ä wie Ärger und Groll loslassen
R wie reichlich das Leben genießen
K wie Karriere in Balance
E wie eigenes Leben leben

STÄRKE! Ich wünsche dir STÄRKE für dein Leben!

Glücklich sein ist das einzig Gute. Der Ort, um glücklich zu sein, ist hier. Die Zeit, um glücklich zu sein, ist jetzt. Die Art und Weise, um glücklich zu sein, ist, anderen dabei zu helfen, es zu sein.

Robert G. Ingersoll

Kamukas Art

Sie war wunderbar. Sie war so lebensfroh und überschwänglich. Sie war immer optimistisch und fröhlich. Nichts konnte ihr die gute Laune verderben, und ihre leidenschaftliche Art steckte alle an. Sie war ein wahrer Sonnenschein und alle mochten und schätzten sie. Ich liebte sie. Wir führten stundenlange Gespräche und lachten sehr viel miteinander. Für mich war sie perfekt.

Ich fragte sie einmal, woher sie immer ihre gute Laune nimmt. Ihre Antwort hat mich sehr beeindruckt.

Sie erzählte mir, dass ihre Mutter sehr verschlossen war und immer darauf bedacht war, bloß nicht aufzufallen. Sie wollte niemals aus der Reihe tanzen, ob positiv oder negativ. Kamukas Mutter wollte auch von Kamuka, dass sie sich immer schön der Herde anpasse und sich normal verhalte. Doch Kamuka fragte sich schnell, was denn normal sein sollte und was nicht. Wer bestimmt denn, was normal ist? Und wenn ich normal bin, wie es sich meine Mutter wünscht, bin ich dann glücklich? Sie wollte einfach nur sie sein – sich nicht verstellen

und dabei unglücklich sein. Sie wollte aus diesen Zwängen der Normopathie heraus. „Niemand holt dich aus diesen Zwängen raus, Anando. Du kannst es nur alleine schaffen“, sagte sie zu mir.
Will nicht jeder etwas Besonders sein? Wollen wir nicht alle ein wenig verrückt sein? Verrückt von der Norm?

Kamuka sagte weiter: „Um verrückt zu sein, musst du dich selbst lieben!“ „Mich selbst lieben?“, dachte ich. Das war jetzt aber wirklich verrückt. Sie ließ nicht locker. „Anando, liebst du dich selbst? Ist diese Liebe zu dir selbst stark genug? Wenn du dich selbst nicht liebst, wie willst du dann von anderen erwarten, dass sie dich lieben?”, fragte mich Kamuka eindringlich. Ihre Worte hallten in meinen Gedanken nach. Ich war in meinem Leben schon oft mutig und war über mich hinausgewachsen. Das hat mich selbstbewusst gemacht. Ja, es hat mir Selbstbewusstsein gegeben. Kamuka erklärte mir ihre Sicht zu diesem Selbstbewusstsein. Sie erklärte mir, dass ich dieses Selbstbewusstsein aus dem ziehe, was ich geleistet und getan habe. Sie nannte es Tun-Selbstbewusstsein oder auch Tun-Selbstwertgefühl.

Ich habe das Gefühl, etwas wert zu sein, weil ich etwas Bestimmtes getan habe. Dann gibt es noch das Haben-Selbstwertgefühl. Das ist das Gefühl, etwas wert zu sein, weil du etwas Bestimmtes hast. Oft ist dies bei den Menschen zu beobachten, die viele Statussymbole besitzen. Das schönste und erstrebenswerteste Selbstbewusstsein oder Selbstwertgefühl kommt jedoch von einem selbst, ohne dass die Bewunderung anderer eine Rolle spielt – einfach deiner selbst willen: das Gefühl, etwas wert zu sein. Kamuka sagte: „Viele Menschen bemessen sich leider an dem, was sie tun oder besitzen. Daraus ziehen sie ihr Selbstbewusstsein."

Sei mutig, habe Selbstliebe und Selbstrespekt, weil du du bist!

Selbstliebe

Ihr Menschen lasst euer Glück von äußeren Dingen wie eurem Aussehen, eurem Bankkonto, eurem Job oder Titel, euren Reiseplänen, eurem Besitz und der Meinung von anderen beeinflussen. Das Ergebnis: Ihr leidet.

Wahres und nachhaltiges Glück kommt von innen, indem du deine Einstellung entwickelst, die auf Dankbarkeit, Achtsamkeit, Akzeptanz und Selbstliebe basiert.

Dazu habe ich eine tolle Übung für dich. Bitte schreibe 20 Gründe auf, warum du dich selbst liebst. Es wird dir am Anfang vielleicht nicht leicht fallen und es könnte ungewohnt für dich sein, umso mehr wird dich das Ergebnis beeinflussen. Du kannst dir Zeit lassen und die 20 Gründe über mehrere Tage vervollständigen.

Allerdings sollte es dir auch zu denken geben, wenn du lange nach deinen 20 Gründe suchen musst.

Du bist ein liebenswerter und einzigartiger Mensch. Du darfst dir darüber bewusst werden.

Ich liebe mich, weil …

1) ....

2) ....

3) ....

4) ....

5) ....

6) ....

7) ....

8) ....

9) ....

10) ....

11) ....

12) ....

13) ....

14) ....

15) ....

16) ....

17) ....

18) ....

19) ....

20) ....

Was ist mir heute Tolles passiert?

Wofür bin ich heute dankbar?

Wen möchte ich mal wieder überraschen und womit?

Was ist mir heute Tolles passiert?

Wofür bin ich heute dankbar?

Womit habe ich einem Freund geholfen?

Was ist mir heute Tolles passiert?

Wofür bin ich heute dankbar?

Wie kann ich mein soziales Engagement verstärken?

Was ist mir heute Tolles passiert?

Wofür bin ich heute dankbar?

Wann tue ich mal wieder etwas nur für mich?

Was ist mir heute Tolles passiert?

Wofür bin ich heute dankbar?

Wem werde ich morgen ein besonderes Lächeln schenken?

Was ist mir heute Tolles passiert?

Wofür bin ich heute dankbar?

Was ist mir heute besonders gut gelungen?

Was ist mir heute Tolles passiert?

Wofür bin ich heute dankbar?

Wann sehe ich meine/n beste/n Freund/in wieder?

Was ist mir heute Tolles passiert?

Wofür bin ich heute dankbar?

Was war mein schönstes Urlaubserlebnis?

Was ist mir heute Tolles passiert?

Wofür bin ich heute dankbar?

Wann werde ich das nächste Mal Enten oder Tauben füttern?

Was ist mir heute Tolles passiert?

Wofür bin ich heute dankbar?

Was war das schönste Kompliment, was ich erhielt?

Anuva

Während der heißen Mittagszeit kehrte die Herde immer zum Wasserfall zurück, wenn wir in der Nähe waren. Ich wunderte mich jedes Mal, wie unser Anführer Rashpal dieses Versteck finden konnte, denn hier war der Wald so dicht und das Unterholz übermächtig. Durch die kräftigen Baumkronen drang nur hin und wieder die Sonne durch. Ich selbst hätte hier hinter den dunklen Felsen niemals einen Wasserfall vermutet. Hier war es schön kühl und erfrischend – ein kleines Paradies.

Anuva, unsere Älteste, beobachtete mich und fragte mich, worüber ich gerade nachgrübele. Gerne erklärte ich ihr, dass ich von unserem Versteck beeindruckt bin und dass ich so ein Versteck niemals finden könnte. Sie lachte und erzählte mir, wie Rashpal, der schon immer der mutigste und aufgeweckteste Jungelefant der Herde war, als junger Elefant neugierig durch das Unterholz stöberte und zufällig diesen Ort entdeckte. Sie erzählte weiter, dass dieser Ort für die Herde ein großer Segen sei und sie schon mehrfach gerettet hätte. Aus diesem Grund kehrte die Herde auch immer wieder

hierher zurück. Anuva erklärte: „Wir unternehmen unsere Wanderungen und suchen nach Futter, aber kommen möglichst zeitnah wieder in unser Versteck zurück." „Gerettet?", fragte ich sie. Sie erzählte mir, dass immer wieder Menschen kamen, um die Babys der Herde zu stehlen. Dabei gingen sie brutal und grausam vor. Es kam immer wieder vor, dass die Wilderer dabei ausgewachsene Elefanten verletzten oder sogar töteten, wenn sie sich ihnen in den Weg stellen wollten. Die Wilderer hatten Waffen, gegen die ein Elefant keine Chance hat. „Es ist so grausam und wir können uns nicht wehren", sagte Anuva. „Wir können uns nur verstecken."
Jetzt verstand ich, warum dieser Ort ein Segen für die Herde war. Hier wurden sie von den Menschen nicht gefunden. Nun verstand ich auch, warum sie alle solche Angst vor den Menschen hatten und so erschrocken und zugleich fasziniert über meine Geschichten von Joels Familie waren.
Anuva blickte mich an und fragte dann: „Wie glaubst du, bist du in Gefangenschaft geraten?"
Ich war wie versteinert. Meine Gedanken überschlugen sich und ich musste mich kurz sammeln. Darüber hatte ich mir noch nie Gedanken

gemacht. Ich kann mich an kein Leben vor der Gefangenschaft erinnern. Ich war doch schon als Baby bei meinem Reiter gewesen. Von ihm hatte ich meinen Namen und er hat mich großgezogen.
„Wohl eher dressiert“, sagte Anuva. „Er hat dich angekettet und mit Gewalt zur Arbeit gezwungen.“
Ich erzählte Anuva, dass ich meinem Reiter bereits verziehen hatte und keinen Groll mehr gegen ihn hegte. Diese Gefühle hatte ich losgelassen. Mit dieser Entscheidung ging es mir sehr gut und ich fühlte, wie damit eine große Last von meinen Schultern gewichen war. Es tat sehr gut, loszulassen.
Davon war sie sehr beeindruckt.
Nun stellte sich aber für mich zum ersten Mal in meinem Leben die Frage, woher ich kam. Was war mit mir geschehen? Wurde ich in Freiheit geboren? Wer war meine Mutter? Lebte sie noch? Wo war sie? Das waren eine Menge Fragen, die in meinem Kopf umhergeisterten. Anuva lachte nur und sagte: „In der Ruhe liegt die Kraft, Anando. Mit dem Alter wird man ruhiger.“ Ich musste an Joel denken. Von seinem Opa hörte auch er immer diese Sprüche. Ich sah ihn im Geiste vor mir, wie er dann immer mit den Augen rollte. Auch ich hätte jetzt am liebsten

die Augen verdreht. Bei diesen Gedanken konnte ich mir ein Schmunzeln nicht verkneifen. Dies bemerkte auch Anuva und ich erzählte ihr von Joel – wie viel er mir bedeutete und wie sehr ich ihn vermisste. Ich erzählte ihr auch, dass es für Joel und seine Familie niemals infrage kommen würde, einen Elefanten zu verletzen oder sogar zu töten. Für sie waren Elefanten nach ihrer Religion heilig.
Kamuka kam zu uns und ich verkündete ihr, welche neuen Fragen sich für mich ergeben hatten. Kamuka verstand sofort, dass mich diese Fragen aufwühlten und beruhigte mich. Wir nahmen uns fest vor, meine Familie zu finden.

Nach diesem Gespräch dachte ich viel über meine Wünsche, Ziele und meine Werte nach. Fast jeden Abend vor dem Schlafen redeten Kamuka und ich darüber, wie ich wohl zu meinem Reiter gekommen war und wie es sich zugetragen haben könnte. Ich erzählte ihr, wie sehr der Wunsch in mir wuchs, meine Mutter zu finden.
Es war nicht nur mehr ein Wunsch, es wurde ein richtiges Ziel für mich.

Das Bewusstsein eines wohlverbrachten Lebens und die Erinnerung vieler guter Taten sind das größte Glück auf Erden!

Cicero

Ziele

Ziele

Hast du Ziele? Wie wichtig sind Ziele im Leben? Wie wichtig sind Ziele für dich? Sind sie für dich ein Motivator? Bist du enttäuscht, wenn du deine Ziele nicht erreichst? Auf meiner langen Reise habe ich festgestellt, dass viele Menschen gar keine Ziele haben. Sie haben sich nie mit diesem Thema beschäftigt. Es wird in Schulen nicht besprochen oder von den Eltern gelehrt. Ich hörte einmal, dass nur circa 3 Prozent der Menschen überhaupt Ziele haben. Das hat mich sehr erschreckt und ich wollte mehr darüber wissen.

Ich hörte, wie die Menschen häufig von ihren Träumen und Wünschen sprachen. Sie träumten von Reisen in ferne Länder oder von schönen Häusern, in denen sie leben möchten. Aber waren das schon Ziele? Für mich waren es keine. Ein Ziel ist für mich an ein festes Ergebnis mit dem zu erbringenden Einsatz gebunden. Weiterhin spielt der Erfüllungszeitpunkt eine entscheidende Rolle. Die Menschen, welche über ihre Wünsche sprachen, verwendeten Formulierungen wie: „Ich hätte gern …“ oder „Ich könnte mir vorstellen …“ oder

„Ich würde gern …“. Das klang nicht verbindlich. Später lernte ich, dass das Unterbewusstsein mit den Konjunktiven nichts anfangen kann. Das heißt also: Die Menschen konnten ihre innere Navigation mit „hätte“, „würde“ und „könnte“ gar nicht erst programmieren. Wenn du etwas wirklich willst, dann ist es wichtig, dass du es dir als Ziel richtig setzt. Wenn du dir ein Ziel falsch setzt, kommst du vom Weg ab beziehungsweise erreichst etwas Vergleichbares, nur nicht das, was du wirklich wolltest. Ähnlich ist es bei einer Navigation im Auto. Wenn du mit dem Auto fährst und in das Navigationsgerät nur die Stadt eingibst, nicht aber die Straße und Hausnummer, wird es dich in das Zentrum der Stadt leiten. Das mag eventuell schön sein, es ist nur nicht der Ort, an den du wollest.

Nun bin ich vielleicht schon einen Schritt zu weit gegangen. Setzen wir noch einmal bei der Verantwortung an: Wer ist für dein Leben verantwortlich? Richtig, du allein. Wer plant dein Leben? Das kannst nur du allein.

Wie ist es ohne Ziele? Stelle dir einmal vor, du startest deinen Urlaub auf einer wundervollen Kreuzfahrt über die Weltmeere unserer Erde. Der

Kapitän meldet sich über die Lautsprecher und verkündet seinen Gästen, dass die Reise beginnt. Er wüsste zwar noch nicht, wohin es gehen solle, aber wir werden schon irgendwo ankommen. Wirklich? Oder wird das Schiff von links nach rechts, hoch und runter über die Meere rotieren, bis der Kraftstoff leer ist? Von einem Kapitän erwarten wir, dass er sein Ziel kennt. Kennst du deine Ziele? Wenn ja, kannst du dir hier gerne weitere Bestätigung holen. Wenn nein, erwartet dich jetzt eine kleine Anleitung, wie du deine Ziele richtig steckst. Optimal ist es, für deine einzelnen Lebensbereiche (Freunde, Familie, Beruf, Gesundheit und Beziehung) Ziele zu stecken. Jetzt werden einige sicher denken, dass das ja viel Zeit kostet und anstrengend sein wird. Ja, planen kostet Zeit und ist anstrengend. Was kostet es dich, wenn du nicht planst??

Aus dem Buch „Achte aufs Gedachte!“ von Gereon Jörn – Dem Menschler® ISBN: 9783981611458.
Um sich ein Ziel zu stecken, empfiehlt Gereon Jörn, diese 9 Punkte zu beachten:

1) definiertes, messbares Ergebnis

Ein Ziel beinhaltet immer einen messbaren Wert.

Stelle dein Ziel also rational dar. „Ich möchte mehr Geld verdienen." Dies kann man nicht abrechnen und es ist nicht messbar. Wenn du nun 5 Euro mehr verdienst, wäre dein Ziel erreicht. Ob du damit zufrieden und glücklich bist, ist eine andere Frage. „Ich verdopple mein Einkommen." Dies ist ein messbares Ziel. Das Ergebnis sollte so einfach definiert sein, dass du es einem Erstklässler erklären und er es einem Klassenkameraden weiterberichten kann. Ein anderes Beispiel: „Ich möchte eine glückliche Beziehung." Dies ist wieder kein messbares Ziel. Formuliere es um! So kannst du dir zum Beispiel als Ziel setzen: Schatzi und ich verbringen pro Woche einen gemeinsamen Abend – ohne externe Störungen durch ein Handy oder ähnliches. Oder ich setze mir als Ziel, drei Mal pro Tag mit meinem Partner gemeinsam zu lachen.
Setze dir konkrete, messbare Ziele!

2) definierter Zeitpunkt/Zeitraum

Zu einem Ziel gehört immer eine Zeitangabe! Zu welchem Zeitpunkt oder in welchem Zeitraum wirst du dein Ziel erreichen? Du brauchst die Zeitangabe, damit dich dein Unterbewusstsein aktiv im Hintergrund unterstützen kann.

Beachte dabei: Menschen setzen sich oft zu kleine Ziele für einen 5-Jahres-Zeitraum und viel zu hohe Ziele für einen 12-Monats-Zeitraum.

3) definierter Einsatz

Damit meine ich nicht den genauen Weg, sondern das, was du zu tun bereit bist, um dein Ziel zu erreichen. Dazu zwei Beispiele:

a) Wenn es dein Ziel ist, in einem Haus mit 250 Quadratmetern Wohnfläche zu leben, frage dich, was es dich kostet, wenn du dieses Haus heute bezahlst beziehungsweise was dieses Haus zu deinem Zielzeitpunkt kosten wird. Welchen Einsatz bist du bereit zu leisten? Wie viel möchtest du für dieses Haus zahlen?

b) Wenn du eine Fremdsprache lernen möchtest und diese fließend sprechen willst, wie viel Zeit pro Woche möchtest du dann dafür einsetzen?

Beim Einsatz geht es nicht darum, wie du ihn verplanst, also was du zum Beispiel in der Fremdsprachenlernzeit genau tust oder wie du an den Einsatz gelangst, also wie du das Geld für ein Haus erhältst.

4) Positiv formulieren

Wenn du dir ein Ziel setzt, ist es für dein (Unter-)

Bewusstsein unglaublich wichtig, dass du es positiv setzt! Dazu ein lustiges Beispiel: „Ich möchte nicht mehr 60 Kilogramm wiegen.“ Das Unterbewusstsein bekommt keine konkreten Anweisungen beziehungsweise Programmierungen und folgt dieser ungenauen Beschreibung: „65 kg – das bekommen wir hin.“

Ein anderes Beispiel: „Ich möchte nicht mehr arm sein.“ – Antwort des Unterbewusstseins: „Alles klar, dann verdienst du ab sofort 5 Euro mehr.“ Mal ganz davon abgesehen, dass das Wort „nicht“ für dein Unterbewusstsein nicht existiert, was alle Eltern bestätigen können, welche ihre Kinder aufforderten, nicht in eine Pfütze zu springen. So hat es für dich gar keinen Sinn, darüber nachzudenken, was du nicht willst. Es ist viel sinnvoller, dir vor Augen zu halten, was du genau willst.

Die Deutschen wissen oft nicht, was sie wollen. Sie wissen genau, was sie nicht wollen und wundern sich dann, dass sie das auch noch bekommen. Beispiel Beziehung: „Ich will meinen Partner nicht verlieren, ich will nicht, dass er oder sie fremdgeht.“ Nun wird kontrolliert und schön eingeengt und mit welchem Resultat? Der Partner bekommt in der Beziehung keine Luft mehr und will die Partnerschaft beenden. Finde heraus, was du willst, und nicht, was du nicht willst! Wenn du also angefangen hast, darüber nachzudenken, was du möchtest, überprüfe, ob du diese Dinge, die du willst, auch wirklich positiv formuliert hast!

5) In der Ich-Form formulieren

Dies ist für dein (Unter-)Bewusstsein enorm wichtig. Du bist die einzige Person, die zu dir „Ich" sagt. Ziele in der Wir-, Du- oder Man-Form sind für dein Unterbewusstsein nicht greifbar. Eine Zielformulierung beginnt daher immer mit dem Wort „Ich". Dies ist auch für Ziele im Team besonders wichtig!

Hier wird die Zielsetzung in drei Stufen realisiert.

a) Worin besteht das Teamziel?

b) Was trägt jedes Teammitglied dazu bei?

c) Hier wird jedes Ziel wie folgt definiert: „Ich trage zum Teamziel bei, dass ..."

Dein Unterbewusstsein kann Wir-, Sie- oder Man-Formulierungen nicht fassen. Es ist wichtig, dass du nicht nur am Ziel- und Umsetzungsprozess beteiligt, sondern betroffen bist.

Statt: „Wir haben tolle Beziehungen."

Besser: „Ich habe eine tolle Beziehung."

6) Im Präsens

Auch hier spielt es für dein Unterbewusstsein wieder eine tragende Rolle, welche Zeitform du verwendest. Setzt du dir das Ziel, 80 Kilogramm zu wiegen, antwortet dein Unterbewusstsein: Alles klar, ich lege mich schlafen. Weck mich, wenn es so weit ist.

Dein Unterbewusstsein kann mit der Zukunftsform überhaupt nichts anfangen. Bilde Zielformulierungen im Präsens. Dein Unterbewusstsein bewertet nicht, es setzt um. Dies kennst du in den Momenten, in denen dir der Name einer bestimmten Person nicht einfallen will. Der Name liegt dir auf der Zunge, doch er will dir nicht einfallen. Zwei oder drei Stunden später machst du etwas völlig anderes und auf einmal schießt dir der vorhin gesuchte Name durch den Kopf. Du kennst diese oder ähnliche Situationen? Dein Unterbewusstsein hat den Suchbefehl erhalten und führt ihn aus! Genauso verhält es sich mit Zielen!

Statt: „Ich werde in einem 200-Quadratmeter-Haus wohnen." Besser: „Ich wohne in einem 200-Quadratmeter-Haus."

7) Schriftlich festhalten

Sich ein richtiges Ziel zu setzen, ist mit einem Hausbau vergleichbar. Vergisst du auch nur ein Detail beim Bau, kannst du eventuell noch darin wohnen, doch wohlfühlen wirst du dich aufgrund des eindringenden Wassers oder der Zugluft wohl nicht. Genau so verhält es sich beim Setzen von Zielen. Irgendwo kommst du schon an, doch ob dies genau die Situation ist, welche du wolltest, bleibt fraglich. Damit sind wir beim 7. Schritt. Dieser ist für eine korrekte Zielsetzung wichtig. Ein exakt gesetztes Ziel gehört aufgeschrieben und dies am besten per Hand. Handschriftlich schön auf einem besonderen Papier mit einem besonderen Stift (zum Beispiel einem Füllfederhalter) verfasste Ziele betonen die Wichtigkeit in deinem Unterbewusstsein. Es ist einfach etwas anderes, als das Ziel in deine Notizen-App in dein Smartphone zu tippen.

Das schriftliche Fixieren der Ziele ist ein Vertrag mit dir selbst. Setze einen Vertrag mit dir selbst auf und notiere dein Ziel!

Ich habe von jemandem erfahren, der sich seine Ziele aufschreibt und an den Kühlschrank hängt. Dies ist sehr gut. So kannst du jeden Tag lesen, wohin beziehungsweise was du willst. Das Aufschreiben von Zielen ist mit dem Programmieren der Navigation im Auto vergleichbar. Die Navigation ist ein schönes bildhaftes Beispiel, sodass ich gerne noch einmal darauf zurückgreife. Wenn du deine Navigation programmiert hast, fährst du los und machst nun alles nebenbei. Du telefonierst, hörst ein lehrreiches Hörbuch oder führst mit Beifahrern ein interessantes Gespräch. Deine Navigation leitet dich und gibt dir ganz nebenbei Anweisungen: in 500 Metern rechts, in 300 Metern links fahren oder bitte wenden und so weiter und so weiter und so weiter. Genauso wie deine Navigation verhält sich dein Unterbewusstsein. Es gibt dir ganz nebenbei Anweisungen, zum Beispiel: Sprich den Menschen an oder geh mal darüber oder kauf dir mal das Buch und so weiter und so weiter und so weiter.

Nutze die Kraft deines Unterbewusstseins und schreibe deine Ziele auf!

Ein Ziel, welches nur in deinem Kopf und nicht auf einem Blatt Papier niedergeschrieben ist, hat die gleiche Wirkung wie Zigarettenqualm. Im ersten Moment stinkt es, doch am nächsten Morgen nach dem Lüften ist es so, als wäre nichts gewesen.

Gereon Jörn

8) Visualisierung und Emotionalisierung

Dein Gehirn beziehungsweise Unterbewusstsein wird stärker durch ein Bild angeregt als durch ein Wort. Es gibt jedoch etwas, was dein Unterbewusstsein zu noch mehr Höchstleistungen anregt als ein Bild und dies ist ein Gefühl! Ein Gefühl lässt dein Unterbewusstsein ekstatisch werden und verstärkt den Drang zur Zielerreichung immens.

Dazu ein Beispiel: Wenn es dein Ziel ist, einen schnellen Sportwagen mit über 300 PS zu fahren und du fährst derzeitig ein Auto mit 100 PS, dann lautet meine Empfehlung: Spüre, wie es sich anfühlt, so ein Auto zu fahren. Wie klappt das mit dem Fühlen? Du mietest dir solch ein Auto. Fahre einmal ein ganzes Wochenende solch einen Sportwagen mit über 300 PS und dann steige in dein Auto mit 100 PS. Die erste Reaktion deines Unterbewusstseins am Montagmorgen ist ein Ar…tritt. Es wird dir mitteilen, dass gerade etwas falsch läuft und du eindeutig im falschen Auto sitzt.

Ein anderes Beispiel: Wenn es dein Ziel ist, in einem Haus mit 250 Quadratmetern Wohnfläche zu wohnen und du wohnst derzeitig auf 70

Quadratmetern, dann miete dir einen Monat ein Haus mit 250 Quadratmetern. Genieße alle Vorzüge, die dieses Haus mit sich bringt! Telefoniere vom Bad ins Wohnzimmer und umgekehrt! Fühle, wie es sich in solch einem Haus wohnt und dann ziehe wieder zurück in deine 70-Quadratmeter-Wohnung. Was wird dein Unterbewusstsein mit dir tun? Du bekommst einen richtigen Ar…tritt verpasst. ;-)

Je intensiver du das Gefühl erlebst, welches sich bei Zielerreichung einstellt, desto größer ist die Unterstützung deines Unterbewusstseins. Fühle so stark wie möglich, wie es dir geht, wenn du dein Ziel erreicht hast! Das ist der Turbo zur Zielerreichung.

Menschen, die Großes leisten, finden heraus, was sie wollen und bestimmen dann den Weg! Alle anderen sehen nur den vorstellbaren und schaffbaren Weg und passen daran ihre Ziele an.

9) Motiv – Warum hast du dieses Ziel?

Wenn du nun weißt, was du willst, frage dich selbst, warum du es willst! Ich will das Ziel erreichen, weil …

Entspricht der Wert, den du jetzt nennst, auch wirklich deinem eigenen Wertesystem oder willst du es zum Beispiel, weil viele andere es wollen?

Es kommt nur allzu oft vor, dass Menschen die Schritte 1 bis 8 durchlaufen und dann bei Schritt 9 feststellen, dass der Grund für das Ziel mit dem eigenen Wertesystem kollidiert.

Beispiel: Ich verdiene x-tausend Euro pro Woche und arbeite x Stunden. Warum? Damit es meiner Familie besser geht. Frage: Geht es deiner Familie besser, wenn du so viel Zeit weg bist?

Nicht selten kommt es vor, dass verschiedene Ziele miteinander kollidieren. Dafür ist es einfach wichtig zu wissen, was hinter diesen Zielen steckt. Werte sind der Antrieb für unser Tun. Doch nur wenige Menschen wissen, weshalb sie etwas tun. Wenige kennen ihre Werte.

Werte

Was sind denn Werte? Welche Rolle spielen sie? Werte sind der innere Antrieb für alle unsere Handlungen. Sie bestimmen unser gesamtes Tun. Werte sind Maßstäbe, mit denen wir uns und andere bewerten. Werte können materiell und immateriell sein. Dabei geht es auch nicht um eine Bewertung. Jeder Mensch wird durch unterschiedliche Werte angetrieben. Auch wir Tiere lassen uns von unseren Werten leiten. Es ist für dich wichtig, dass du dir deiner Werte bewusst bist. Was motiviert dich? Warum triffst du deine Entscheidungen, wie du sie triffst? Warum bist du mit der einen oder anderen Entscheidung auf lange Sicht doch nicht glücklich geworden? War es eventuell eine Entscheidung gegen deine Werte? Wenn du dir deiner Werte bewusst bist, kannst du diese in deine Entscheidungen einbeziehen.
Gerne erhältst du ein einfaches Beispiel dazu: Angenommen eine Frau entscheidet sich für den neuen Job, der sie ortsmäßig von der Familie entfernt. Einer ihrer wichtigsten Werte ist allerdings die Familie und die Harmonie in der Liebesbeziehung.

Du verstehst, dass sie langfristig mit der getroffenen Entscheidung nicht glücklich wird. Damit du weißt, was dich langfristig glücklich macht, gehen wir deinen persönlichen Werten auf den Grund. Dazu wirst du einen Werteermittlungsprozess durchlaufen. Dafür benötigst du einen Partner.

Ablauf der Übung:
Du erhältst auf der folgenden Seite eine Auflistung mit Werten. Gerne kannst du diese Aufzählung noch erweitern, sollte dir ein Wert fehlen. Bitte wähle daraus die zehn für dich wichtigsten Werte aus!
Nun lässt dein Übungspartner die einzelnen Werte als Paare gegeneinander laufen. Er fragt dich dabei ab, für welchen der zwei Werte du dich entscheidest.
Beispiel: Zwei der zehn Werte sind Anerkennung und Liebe. Was ist für dich wichtiger, Anerkennung oder Liebe?
Dabei achtet dein Übungspartner darauf, dass du dich schnell entscheidest. Solltest du also beginnen über deine Antwort nachzudenken, kommt diese bewusst und nicht aus deinem Unterbewusstsein. Es geht darum, die Antworten aus deinem

Unterbewusstsein abzurufen. Dein Übungspartner darf also ruhig ein wenig mentalen Druck auf dich ausüben. Sofern du beginnst nachzudenken, wiederholt er die Wortpaarung. Nachdem du dich für einen Begriff entschieden hast, markiert dein Übungspartner sich deine Entscheidung in der Auflistung durch einen simplen Strich. Alle zehn Werte werden so gegeneinander abgefragt. Sollten mehrere Werte die gleiche Anzahl an Strichen erhalten haben, werden diese wiederholt abgefragt, bis eine Rangfolge feststeht. Viel Spaß!

Hier noch ein Beispiel: Deine ausgesuchten Werte lauten:

1. Familie
2. Weiterentwicklung
3. Macht

und so weiter. Du hast nachher natürlich 10 Begriffe. Du schließt die Augen und dein Partner fragt nun schnell hintereinander ab:

Familie oder Weiterentwicklung?
Familie oder Macht?
Weiterentwicklung oder Macht?
Weiterentwicklung oder Familie?

Macht oder Familie?
Macht oder Weiterentwicklung?

Wie du siehst, werden alle Begriffe doppelt abgeglichen, damit die anfänglichen Auswahlen, die wahrscheinlich eher bewusst getroffen wurden, ausgeglichen werden.

Wähle zehn Werte aus!

☐ Anerkennung
☐ Disziplin
☐ Ehrlichkeit
☐ Familie
☐ Freundschaft
☐ Geld
☐ Gesundheit
☐ Harmonie
☐ Liebe
☐ Macht
☐ Partnerschaft
☐ Reichtum
☐ Schönheit
☐ Selbstverwirklichung
☐ Spaß
☐ Toleranz
☐ Unabhängigkeit
☐ Vergnügen
☐ Zugehörigkeit
☐ Zuverlässigkeit
☐ Beruf
☐ Ehre
☐ Erfolg
☐ Freiheit
☐ Fürsorglichkeit
☐ Gerechtigkeit
☐ Großzügigkeit
☐ Karriere
☐ Loyalität
☐ Ordnung
☐ Pflichterfüllung
☐ Ruhe
☐ Sexualität
☐ Sicherheit
☐ Spiritualität
☐ Treue
☐ Verantwortung
☐ Zärtlichkeit
☐Zufriedenheit
☐ Weiterentwicklung

Werteermittlung

Bitte liste hier deine zehn ausgewählten Werte auf und frage die Punktvergabe ab!

		Wie oft wurde der Wert genannt?
1.		
2.		
3.		
4.		
5.		
6.		
7.		
8.		
9.		
10.		

Mein Werte-Kodex

Bitte liste hier das Ergebnis deiner zehn Werte in geordneter Rangfolge auf:

1. ______________________________
2. ______________________________
3. ______________________________
4. ______________________________
5. ______________________________
6. ______________________________
7. ______________________________
8. ______________________________
9. ______________________________
10. ______________________________

Herzlichen Glückwunsch! Es ist schon ein Stück Arbeit, seine Werte zu ermitteln. Dafür lohnt es sich umso mehr.
Bist du überrascht? Warst du dir dieser Werte bewusst? Wurden deine Annahmen bestätigt? In diesem Prozess wurden deine zehn wichtigsten Werte ermittelt. Gerne kannst du dies in der gleichen Vorgehensweise auf drei oder fünf Werte reduzieren.

Jetzt, wo du deinen eigenen Werte-Kodex aufgestellt hast, kannst du herausfinden, was wirklich wichtig für dich ist. Du kannst überprüfen, welche Dinge dir Freude bereiten oder welchen Dingen du nicht länger nachjagen solltest, weil sie dir nichts bedeuten oder sogar deinen Wertvorstellungen entgegenstehen.

Für eine Partnerschaft empfehle ich, dass sich beide Partner ihrer Werte bewusst sind und dies auch miteinander teilen. Es wird euch Verständnis für den anderen bringen. Beispiel: Einer der Partner strebt nach Erfolg und Macht im Job und der andere möchte die Familienplanung vorantreiben. Hier ist ein gegenseitiger Werteabgleich extrem wichtig, um die gemeinsamen Ziele entsprechend den unterschiedlichen Werten abzustimmen.

Die eigenen Ziele sollten immer mit den eigenen Werten konform gehen. Ist dies nicht der Fall und arbeitest du permanent gegen die eigenen inneren Werte, kann es im schlimmsten Fall sogar zu einem Burn-out kommen. Schau also noch einmal mit diesem Wissen auf deine Ziele.

Unsere Werte ändern sich und sollten in regelmäßigen Abständen ermittelt werden.
Welcher Abstand das sein sollte, hängt von dir selbst ab. Je wandlungsreicher du dein Leben empfindest, je häufiger können die Werte überprüft werden. Lebe Wert-voll!

In dem Augenblick, in dem ein Mensch den Sinn und den Wert des Lebens bezweifelt, ist er krank.

Sigmund Freud

Was ist mir heute Tolles passiert?

Wofür bin ich heute dankbar?

Welchem Menschen drücke ich morgen meine Zuneigung aus?

Was ist mir heute Tolles passiert?

Wofür bin ich heute dankbar?

Wem möchte ich morgen eine Freude machen?

Was ist mir heute Tolles passiert?

Wofür bin ich heute dankbar?

Womit belohne ich mich für das Führen dieses Buches?

Was ist mir heute Tolles passiert?

Wofür bin ich heute dankbar?

Was war mein größter privater Erfolg?

Was ist mir heute Tolles passiert?

Wofür bin ich heute dankbar?

Wie viele Menschen werden morgen zurücklächeln?

Was ist mir heute Tolles passiert?

Wofür bin ich heute dankbar?

Wen lobe ich morgen für sein Outfit?

Was ist mir heute Tolles passiert?

Wofür bin ich heute dankbar?

Wann gehe ich das nächste Mal spazieren und mit wem?

Was ist mir heute Tolles passiert?

Wofür bin ich heute dankbar?

Wem gebe ich morgen ein Getränk aus?

Was ist mir heute Tolles passiert?

Wofür bin ich heute dankbar?

Wen werde ich morgen mit etwas Süßem überraschen?

Was ist mir heute Tolles passiert?

Wofür bin ich heute dankbar?

Wen werde ich morgen besonders loben?

Mutmachgeschichte

Du erfährst nun eine weitere kleine „Mutmachgeschichte" über ein Mädchen, die ich selbst einmal gehört habe und hier wiedergeben möchte.

Es war der letzte Tag unseres kurzen Urlaubs am Meer. In der Nacht tobte ein starker Sturm. Das Meer wurde aufgewühlt und die Wellen brachen sich ohrenbetäubend am Strand.

Nun, am Morgen, klarte der Himmel wieder auf.

Um die frische Luft zu genießen, starteten meine Tochter und ich zu einer Strandwanderung. Wir entdeckten im Strandgut unzählige Muscheln. Meine Tochter lief begeistert am Ufer entlang, nahm behutsam Muschel für Muschel in die Hand, begutachtete diese auf Lebenszeichen und warf sie in das Meer zurück.

Ein älteres Paar kam vorbei und schaute ihr eine Weile lächelnd dabei zu.

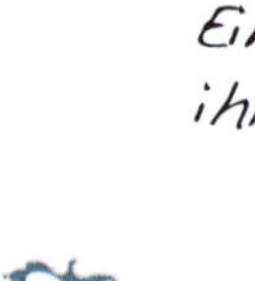

Dann sagte der Mann: „Der ganze Strand ist voller Muscheln. Ist das nicht sinnlos, was du da machst? Du kannst sie nicht alle ins Meer zurückwerfen. Was du da tust, ändert nicht das Geringste."

Einen Moment schaute meine Tochter den Mann an. Dann ging sie zur nächsten Muschel, hob sie auf und warf sie ins Meer zurück.
Noch einmal schaute sie den Mann an und sagte: „Für diese Muschel wird sich was ändern!"

Verfasser unbekannt

Wanderungen

Auf der Suche nach Futter unternahmen wir tagelange Wanderungen. Rashpal ging immer mutig voran, denn er kannte die Wege am besten. Wir gingen unsere eigenen Wege und alle Elefanten kannten sie. Selbst mir kamen diese Elefantenstraßen irgendwie bekannt vor – als wären ganz alte Erinnerungen an diese Wege tief in mir. Es war ein beängstigendes und zugleich beruhigendes Gefühl. Es war ein Gefühl von Vertrauen – ein Urvertrauen, welches mir vermittelte, dass in uns etwas war, das uns alle miteinander verband, und das beruhigte mich. Diese Verbindung ging über die Familie und die Herde hinaus. Ich vertraute diesem Gefühl, denn es sagte mir, dass ich zu dem großen Ganzen gehörte.

Uns Elefanten fällt es leicht, an etwas Größeres zu glauben und dem Leben zu vertrauen.

Die Wanderungen waren aufregend für mich, da ich so immer mehr von meiner Freiheit auskosten konnte. Ich fühlte mich dann oft wie ein Entdecker, der gerade auf eine neue Welt stößt. Wir schlugen uns durch den Dschungel und erkundeten die

Umgebung.

Dabei folgten wir unseren Straßen. Wie bereits gesagt, diese Straßen waren Jahrhunderte alt und jeder Elefant hatte sie in seinem Innersten abgespeichert. Es ist schwer zu erklären: Wir kannten diese Wege einfach. Es war so, als würden wir uns an einen Weg erinnern, während wir ihn gingen, nur waren wir ihn vorher noch nie gegangen. Wir hatten Vertrauen in dieses Bauchgefühl und ließen uns einfach treiben.

Auf unseren Wanderungen trafen wir immer wieder auf andere Herden. Jedes Mal war so ein Zusammentreffen ein freudiges Ereignis. Die Herden kannten sich untereinander und freuten sich über die neuesten Nachrichten, Klatsch und Tratsch. Die neuesten Nachrichten hießen in diesem Fall Nachrichten über mich. Ich, Anando, war das aktuelle Thema, und jeder war interessiert daran und wollte mich kennenlernen. Das alles war mir schon ein wenig unangenehm und manchmal fühlte ich mich eigenartig, wenn mich die anderen aus meiner Herde als Highlight präsentierten und stolz vorzeigten. Sobald ich dann aber meine Geschichte erzählte und mir alle an den Lippen hingen, genoss

ich es, im Mittelpunkt zu stehen. Immer wieder kamen dann die Fragen nach meiner Herkunft und wie ich zu meinem Reiter gekommen war.
Wer wohl meine Mutter sein mochte und ob sie noch lebte? Immer wieder war ich über mich selbst erstaunt, dass mich diese Fragen vorher noch nie so beschäftigt hatten. Umso mehr geisterten sie nun in meinem Kopf umher. Oft sprach ich mit Kamuka und Anuva darüber. Jedes Mal sagte ich zu ihnen, dass ich es herausfinde. Ich finde heraus, wo meine Wurzeln liegen. Ich finde meine Mutter. Dieses Ziel habe ich mir fest gesteckt. Immer wieder sprach ich mir selbst Mut zu und wiederholte dieses Ziel in meinem Geiste.
Für mich war es sehr interessant, andere Herden zu beobachten. Es gab immer auch Parallelen zu unserer Herde. Eine Herde ist wie eine große Familie. Es erinnerte mich an Joels Familie und das Leben im Dorf. Ich war ein Teil von ihnen und fühlte mich geborgen. Das alles habe ich in einer Nacht aufgegeben. Mein Mut hat sich bezahlt gemacht, denn ich fühlte mich auch in meiner Herde willkommen und dazugehörig. Für mich hatte sich alles noch positiver entwickelt. Mit Kamuka

an meiner Seite fühlte ich mich nun ergänzt und irgendwie angekommen. Sie war die Liebe meines Lebens und das wollte ich ihr jeden Tag aufs Neue zeigen.
Auf der anderen Seite vermisste ich Joel so sehr.
Ich denke oft an ihn. Er ist in meinem Herzen und das wird auch immer so bleiben.

Sobald der Geist auf ein Ziel
gerichtet ist,
kommt ihm vieles entgegen.

Johann Wolfgang von Goethe

Zweisamkeit macht glücklich

Glück ist das Einzige, das sich verdoppelt, wenn man es teilt. Das sagte schon Albert Schweitzer und er hat recht damit.

Ihr Menschen könnt sicherlich für eine gewisse Zeit auch ohne Lebenspartnerschaft glücklich sein, aber nicht langfristig. Dies besprachen wir ja bereits bei den fünf Lebensbereichen.

Ohne einen Lebenspartner holen wir uns die Bedürfnisse nach Zuneigung, Aufmerksamkeit, Streicheleinheiten und so weiter von Freunden und/oder der Familie. Auf Dauer allerdings strebt jeder Mensch nach seinem persönlichen Verbündeten – nach seiner großen Liebe. Dies beweist auch eine Studie, die die Wissenschaftler an der University of California in Los Angeles durchführten. Sie ließen ihre Testpersonen das Computerspiel „Cyberball" spielen. Nach einiger Zeit wurde das Programm so verändert, dass die Probanden den Eindruck gewannen, die anderen Mitspieler ließen sie nicht mehr mitspielen. Obwohl es nur ein kleines Computerspiel war, führte das Gefühl, ausgeschlossen zu sein, zu einer starken

Aktivität im Schmerzzentrum ihres Gehirns. Ihr Menschen könnt nicht ohne andere sein, jedenfalls nicht dauerhaft. Und solltet ihr es doch sein, so leiden langfristig euer Geist, euer Körper und eure Seele darunter. Bei uns Elefanten ist es genauso. Einsamkeit ist ebenso schädlich wie Rauchen, Übergewicht und Bluthochdruck und gefährlicher als Bewegungsmangel, ergab eine weitere amerikanische Studie. Ein „Wir" hingegen macht euch nicht nur glücklicher, sondern auch gesünder. Das bewiesen Untersuchungen mit Herzpatienten. Ein halbes Jahr nach der Operation berichteten diejenigen über die bessere Lebensqualität, die sich in einer stabilen Beziehung befanden. Allein die innere Überzeugung, dass jemand da sein wird, wenn man Trost, Zuspruch oder Hilfe benötigt, stärkt den Menschen bereits wie ein Medikament. Ihr seid also genauso Rudeltiere wie wir auch.
Halt und Geborgenheit sind ein wichtiger Anker im Leben.

**Das Wasser ist die Quelle
allen Lebens,
die Liebe ist die Quelle
allen Glücks.**

Verfasser unbekannt

Saguna und Liem

Saguna und ich verstanden uns sehr gut. Sie war Kamukas beste Freundin und deshalb verstanden wir uns wohl vom ersten Moment an. Saguna war liebevoll und eher zurückhaltend. Sie und Liem waren seit Jahren ein Paar – und was für eins. Für mich waren sie ein richtiges Traumpaar und ich wünschte mir, dass auch meine Beziehung zu Kamuka einmal so innig und harmonisch sein würde.

Eines Tages fragte ich Saguna und Liem nach ihrem Geheimnis. „Warum seid ihr so ein Traumpaar? Verratet ihr mir euer Geheimnis?", sagte ich zu den beiden.
Sie lächelten sich beide an und überlegten. „Diese Frage hat uns noch nie jemand gestellt", sagte Liem. Er blickte Saguna liebevoll an und erzählte, dass die beiden sich sehr respektvoll behandelten und dass sie sich auf gleicher Augenhöhe begegneten. Sie sahen sich als Paar und trotzdem als einzelne Persönlichkeiten. Sie bewahrten sich beide ihre eigenen Interessen. „Liebe darf nie Selbstaufgabe

bedeuten", warf Saguna ein. „Viele haben die Herausforderung, dass sie die Liebe und Zuneigung des Partners durch Aufgabe ihrer Persönlichkeit oder übertriebene Fürsorge erkaufen wollen. Die Fürsorge geht manchmal sogar so weit, dass sich einer der Partner in eine Art Dienstleister bis zur völligen Selbstaufgabe verwandelt. Sie tun alles dafür, so zu sein, wie sie glauben, dass ihr Partner sie haben möchte. Und das ist nicht nur dem weiblichen Geschlecht vorbehalten.
Niemand sollte sich klein machen. Es ist wichtig, seine eigene Meinung zu haben und sich selbst verwirklichen zu wollen." Liem nickte und fügte hinzu: „Ich weiß, dass ich immer auf Sagunas Unterstützung vertrauen kann. Ich weiß, dass sie mich immer offen beraten wird und mir nicht nach dem Mund redet. Ich schätze sie dafür sehr. Auch sie weiß, dass sie auf meine Unterstützung zählen kann, wann immer sie es möchte. Durch unsere Selbstbestimmtheit und Unabhängigkeit leben wir gleichberechtigt miteinander. Wir sind ein starkes Team."
„Wenn wir in unserer Beziehung ein Geheimnis haben, dann ist es wohl das. In anderen Beziehungen

gibt es vielleicht andere Geheimnisse“, sagte Saguna ergänzend.
Ich nahm mir fest vor, auch mit Kamuka ein starkes Team zu sein.

Nur selbstbestimmte und unabhängige Menschen können gleichberechtigt miteinander leben.

Du erfährst nun die letzte kleine „Mutmachgeschichte" im Glücks-Tagebuch, welche ich von Joels Opa gehört habe und dir hier wiedergeben möchte.

Ein alter Mann lebte zusammen mit seinem einzigen Sohn auf einer kleinen Farm. Sie besaßen nur ein Pferd, mit dem sie die Felder bestellen konnten, und kamen gerade so über die Runden.

Eines Tages lief das Pferd davon. Die Leute im Dorf kamen zu dem alten Mann und riefen: „Oh, was für ein schreckliches Unglück!" Der alte Mann erwiderte aber mit ruhiger Stimme: „Wer weiß? Wer weiß schon, wozu es gut ist?"
Eine Woche später kam das Pferd zurück und führte eine ganze Herde wunderschöner Wildpferde mit auf die Koppel. Wieder kamen die Leute aus dem Dorf: „Was für ein unglaubliches Glück!" Doch der alte Mann sagte wieder: „Wer weiß? Wer weiß schon, wozu es gut ist?"

In der nächsten Woche machte sich der Sohn daran, eines der wilden Pferde einzureiten. Er wurde aber abgeworfen und brach sich ein Bein. Nun musste der alte Mann die Feldarbeit allein bewältigen. Und die Leute aus dem Dorf sagten zu ihm: „Was für ein schlimmes Unglück!" Die Antwort des alten Mannes war wiederum: „Wer weiß? Wer weiß schon, wozu es gut ist?"
In den nächsten Tagen brach ein Krieg mit dem Nachbarland aus. Die Soldaten der Armee kamen ins Dorf, um alle kriegsfähigen Männer einzuziehen. Alle jungen Männer des Dorfes mussten an die Front und viele von ihnen starben. Der Sohn des alten Mannes aber konnte mit seinem gebrochenen Bein zu Hause bleiben.
„Wer weiß? Wer weiß, wozu es gut ist?"

Dan Millman

Das Wunder

Die Monate vergingen und ich gewöhnte mich an die vielen Wanderungen.
Jetzt wusste ich auch, wie sehr Joels Familie mich verwöhnt hatte. Joel und sein Vater brachten mir jeden Morgen ein paar Früchte, auch als ich längst wieder gesund war. Sie verwöhnten mich.
Das war nun schon eine kleine Ewigkeit her. Es sind seitdem einige Monate – oder sind es bereits Jahre? – vergangen. In den letzten Jahren war so viel in meinem Leben geschehen. Ich erinnere mich noch sehr gut an meine Ängste, die mich im Arbeitslager quälten. Meine eigenen Gedankenmuster, die mich an den Pflock fesselten. Das triste Leben, in dem ich so unglücklich war. Das alles hatte ich hinter mir gelassen. Alles hatte sich zum Guten gewendet. Nachdem ich den Entschluss gefasst hatte, in die Freiheit zu fliehen, hatte sich alles gefügt. Ich hatte meine Kräfte mobilisiert, war geflohen und hatte Joel gefunden – oder er hatte mich gefunden. Egal aus welcher Sicht ich es betrachte, es wurde gut. Durch Joels Familie entstand auch in mir der Wunsch, eine eigene Familie zu haben und ich fand Kamuka –

oder sie mich. Ganz egal. Es wurde gut.
Nun begriff ich, was die sich selbst erfüllende Prophezeiung ist. Ich verstand: Wenn ich eine Erwartung über zukünftige Geschehnisse entwickele, wird die Wahrscheinlichkeit größer, dass ich mich in diesem Sinne auf die konkrete zukünftige Situation vorbereite. Ich habe mich also entsprechend meiner angestrebten Richtung verhalten. Dieser Prozess läuft zu großen Teilen unbewusst ab.

Unsere Wanderungen wurden wieder kürzer. Rashpal erklärte uns, dass jetzt wieder mehr Früchte und Gräser in der Nähe unseres Verstecks wuchsen. Der Sommer kam zurück. Wir freuten uns alle auf die entspanntere Zeit. Wir waren also auf einer unserer letzten Wanderungen vor dem Sommer.

Rashpal hatte die Nähe einer schönen Lichtung als Rastplatz auserkoren. Hier gab es saftige Gräser, und unsere Herde konnte sich den Bauch vollschlagen und danach ein gemütliches Nickerchen machen.
Rashpal warnte uns noch einmal eindringlich davor, auf die Lichtung zu gehen, denn sie würde keinen

Schutz bieten. Wir sollten versteckt im Regenwald bleiben und uns nicht zu weit voneinander entfernen. Je weiter wir von unserem Versteck entfernt waren, je vorsichtiger sollten wir sein.
Ich dachte darüber nach, dass Rashpal wirklich ein guter Anführer für uns war. Obwohl ich den Verdacht hegte, dass unsere eigentliche Anführerin Anuva war. Rashpal besprach sich ständig mit ihr und hörte immer auf ihre Meinung. Diese neue Erkenntnis wollte ich natürlich sofort mit Kamuka besprechen und bat sie, mir zu folgen. Wir entfernten uns ein wenig von der Herde, damit wir uns ungestört unterhalten konnten. Ich berichtete Kamuka von meiner Beobachtung und fragte sie nach ihrer Meinung dazu. Sie bestätigte meinen Verdacht und erzählte mir, dass das ein offenes Geheimnis sei. Jeder wusste, dass Anuva der Kopf und Rashpal die ausführende Hand waren. Sie erzählte weiter, dass es bei allen Elefantenherden so war, dass sie von den ältesten und weisesten Elefantenkühen angeführt wurden. Während sie erzählte, schälte ich mir ein saftiges Stück Rinde von einem jungen Baum und kaute genussvoll. Unsere Herde sei außerdem etwas sehr Besonderes, da wir

fast genauso viele männliche wie weibliche Elefanten hatten. Sie wollte gerade weiterreden, als wir Schreie hörten. Die Schreie kamen von der Lichtung. Sofort rannten wir los. Mir gingen tausend Sachen durch den Kopf und ich versuchte zu erahnen, was uns gleich erwarten würde. Aber das, was ich erblickte, hätte ich niemals im Leben erahnt. Daran hätte ich nie gedacht.
Liem und Saguna lagen blutend auf dem Boden. Eine große Gruppe bewaffneter Männer stand um sie herum. Mit ihren Messern, Speeren und Gewehren zwangen sie die beiden zu Boden. Sie mussten sich gewehrt haben und wurden deshalb verletzt. Sie hatten mehrere Schnitt- und Schürfwunden. Diese ganze Szene musste mein Gehirn erst einmal verarbeiten. Dann hörte ich den schlimmsten Schrei, den ich je gehört hatte. Ein markerschütternder Schmerzensschrei von Liem. Es durchfuhr meinen kompletten Körper und ich stürzte los. Ich wollte irgendwie helfen, auch wenn ich noch keinen Plan hatte. Meine Beine bewegten sich von ganz alleine und ich fühlte mich wie ferngesteuert. „Du bleibst versteckt!", brüllte ich viel zu scharf über meine Schulter zu Kamuka.

Als die Worte schon heraus waren, tat mir der verfehlte Ton leid, aber jetzt war nicht die Zeit für große Erklärungen oder Entschuldigungen. Sie sollte einfach nur in Sicherheit bleiben. Mit voller Kraft beschleunigte ich, denn ich wollte wie eine Billardkugel in die Gruppe der Wilderer treffen, um sie zu zerschlagen. Ich schrie laut und hoffte damit meine Gegner einzuschüchtern. Meine volle Wucht traf auf die mir am nächsten stehenden Männer. Mit dem Kopf voran stieß ich den ersten zur Seite. Er flog gute vier Meter im hohen Bogen durch die Luft. Die nächsten drei hatte ich sprichwörtlich überrollt. Sie konnten meiner unermesslichen Wut nicht entgehen. Ich rannte sie einfach um. Dabei spürte ich, wie mehrere Stiche und Schnitte meine rechte Seite verletzten. Saguna schrie mir etwas zu, was ich aber nicht verstand. Zu spät. Ich begriff, was sie mir sagen wollte. Die Wilderer hatten Seile gespannt und ich war gerade dabei, über eines zu stolpern. Mit der vollen Wucht, mit der ich angelaufen kam, stürzte ich nun zu Boden. Hart traf ich mit dem Kopf zuerst auf und sofort vernebelte sich alles in meinem Bewusstsein. Ich kämpfte gegen den Schwindel an und versuchte mich zu orientieren. Eh ich mich

besinnen konnte, spürte ich ein schweres Netz auf mir. Das Netz wurde von den Männern zu allen Seiten straff gezogen. Ich war gefangen. Ich konnte mich nicht mehr bewegen. Meine aufgestaute Wut entlud sich in einem zornigen Schrei. Wieder hörte ich die schrecklichen Schmerzensschreie von Liem. Ich versuchte, meinen Kopf unter dem straffen Netz in seine Richtung zu drehen. Er schrie und ich fühlte mich so schuldig. Ich wollte ihm helfen und nun lag ich hier außer Gefecht gesetzt. Durch meine von Wut getriebene Kurzschlussreaktion hatte ich nichts bewirkt. Hätte ich überlegter gehandelt, hätte ich ihm helfen können. In Liems Schreie mischte sich die Verzweiflung von Saguna. Ich hörte ihr Flehen, ihr Schluchzen und Weinen. Mit voller Kraft versuchte ich noch einmal, meinen Kopf zu drehen und schaffte es, indem ich einen der Männer von seinen Füßen riss. Im selben Augenblick wünschte ich mir, dass ich es nicht geschafft hätte. Das Bild, welches sich mir bot, war unglaublich. Unglaublich grausam. Ich werde das, was ich sah, niemals vergessen. Mein Herz drohte zu zerspringen und ich kämpfte dagegen an, dass sich mein Magen entleerte. Mehrere der Wilderer standen auf Liem, um ihn am Boden zu halten. Einige traten brutal mit ihren Füßen auf seinen Kopf und drückten ihre Messer straff an seine Haut. Zwei andere machten sich an seinen Stoßzähnen zu schaffen. Ich traute meinen Augen nicht. Mit einer rostigen stumpfen Säge trennten sie seine Stoßzähne ab. Er schrie und wand sich unter ihren Füßen vor Schmerzen. Meine Tränen ließen das Bild verschwimmen. Ich fühlte mich so hilflos und verlassen. Ich war machtlos. Was geschah hier? Wo waren die anderen? Wo war Rashpal? Warum kam er uns nicht zu Hilfe? Sicher beschützte er die Herde und brachte sie in Sicherheit. Kamuka? Sie würde in Sicherheit sein. Dieser Gedanke spendete mir etwas Trost. Ein kleiner Lichtblick in dieser schwarzen dunklen Situation. Ich fing wieder an, mich zu wehren und versuchte aufs Neue, mich zu befreien. Der Gedanke, dass Kamuka alleine sein würde und so sehr leiden würde wie Saguna, spornte mich an und verlieh mir neue Kraft. Mein Befreiungsversuch fruchtete und ich schaffte es, mehrere der Männer zu Boden zu reißen. Andere kamen ihnen allerdings schnell zu Hilfe und zogen zusätzlich an dem Netz. Auch die Männer, welche Liems Zähne abgesägt hatten, kamen nun grinsend auf mich zu. Ich wand mich hin und her und schrie vor Angst. Liem lag ganz schlaff da. Er war anscheinend von den Schmerzen bewusstlos geworden. Eine riesige Welle von Mitgefühl überrollte mich bei seinem Anblick. Diese Welle schien meine letzten Kräfte dahinzuspülen. Ich wollte aufgeben; wollte mich nicht mehr wehren, nicht mehr kämpfen. Ich wollte mich einfach diesem Schmerz hingeben und alles geschehen lassen. Ich gab auf.

Ich konnte die Männer nicht zählen, die auf mir waren, so viele waren es. Der fiese Typ mit der Säge beugte sich über mich und strich mit glänzenden gierigen Augen über meine Stoßzähne. Ich machte mich auf das Schlimmste gefasst und erwartete einen betäubenden Schmerz. Er setzte die zerschlissene Säge an und ich schloss meine Augen.

Wartend auf den Schmerz blendete ich die Welt um mich herum aus. In meinem ganzen Leben hatte ich niemals so eine große, lähmende Angst verspürt. Ich dachte an die brutalen Schläge meines Reiters und sagte mir, dass ich das auch überstanden hatte. So würde ich auch das hier überstehen. Aber es geschah gar nichts. Der Schmerz kam nicht. Blitzschnell

schärfte ich mein Bewusstsein wieder auf meine Umwelt. Um mich herum herrschte ein heilloses Durcheinander, ich hörte wildes Geschrei von allen Seiten. Schreie von Elefanten und von Menschen. Als ich meine Augen aufriss, war niemand zu sehen. Wo war der fiese Typ hin?
Ich versuchte mich zu orientieren und erkannte Elefanten um mich herum. Viele Elefanten. Sie waren mir unbekannt. Nein, nicht alle. Da war Rashpal. Er schleuderte gerade seitlich seine Stoßzähne gegen einen der Männer. Dieser flog im hohen Bogen weg, rappelte sich wieder auf und suchte schnell das Weite – wie alle anderen Männer. Gegen diese riesige Schar an Elefanten hatten sie keine Chance. In diesem Moment kam ich mir erneut so dumm vor. Wie konnte ich nur alleine den Versuch starten, Liem und Saguna zu retten? Liem? Saguna? Ich rief nach ihnen. Dann erblickte ich Kamuka, wie sie auf mich zustürmte. Mein Herz machte einen Sprung und pure Erleichterung durchströmte mich. Es ging ihr gut. Zum Glück war ihr nichts geschehen. Sie kniete sich zu mir herunter und streifte mit ihrem Rüssel das Netz von mir ab. Ihre Augen waren voller Erleichterung und die Tränen liefen ihr den Rüssel

herunter.
„Eine andere Herde hörte die Schreie und kam uns zu Hilfe. Gemeinsam konnten wir sie in die Flucht schlagen“, sagte sie.
„Wie geht es Liem?“, wollte ich wissen. Sie blickte mich tränenverschmiert an. „Körperlich wird er es überstehen. Alles Weitere wird sich zeigen. Wir werden alle für ihn da sein, um ihm Kraft zu geben. Saguna ist bei ihm.“
Ich konnte nicht behaupten, dass mich ihre Worte beruhigten. „Anando, du hättest nichts tun können. Es war dumm und gefährlich von dir. Was hast du dir nur dabei gedacht?“ „Ich habe gar nicht gedacht“, gestand ich.

„Ein Hitzkopf war er schon als Baby“, sagte eine Stimme hinter Kamuka. Kamuka drehte sich um und gab damit den Blick auf eine ältere Elefantenkuh frei. Ich blickte ihr in die Augen und erkannte sie sofort. „Mama!“
Tief in mir spürte ich diese Gewissheit, dass sie meine Mutter war. Erklären kann ich es bis heute nicht; ich wusste es einfach. Sie kniete sich neben Kamuka und streichelte mit ihrem Rüssel über meinen. Alles

viel von mir ab, die gesamte Anspannung, die Angst und die Aufregung des gerade Erlebten. Meine Tränen flossen in Strömen. Wir drei sagten kein Wort. Wir weinten und ließen unseren Gefühlen freien Lauf.

Kapitel 38

Herzlichen Glückwunsch!

Du hast nun erfolgreich mit deinem Glücks-Tagebuch gearbeitet. Du hast es mit deinen persönlichen Glücksmomenten gefüllt. Nimm dir bitte immer wieder die Zeit, in deinem Tagebuch zu blättern, um dich an deinen wundervollen Erinnerungen zu erfreuen. Oft sind es gerade die kleinen Dinge im Leben, die so wertvoll sind. Reflektiere einmal selbst, wie viele Dinge in deinem Leben bereits wundervoll verlaufen. Sei dir dieser Tatsache bewusst! Bist du glücklich und dankbar dafür? Dann halte an deiner neuen Gewohnheit fest und schreibe weiterhin all die schönen Ereignisse des Alltags auf! Das Gesetz der Konzentration besagt, dass alle Dinge, auf die du dich konzentrierst, stärker werden und mehr Platz in deinem Leben einnehmen. Wenn du dich also hauptsächlich nur mit schönen und positiven Dingen beschäftigst, dann kommen auch mehr dieser wundervollen Ereignisse auf dich zu. Dir wünsche ich noch unendlich viele dieser erfüllenden Momente. Ein glückliches Leben ist keine Glückssache. Du hast es in der Hand.
Dein Anando

Brief von Joel

Brief von Joel

Ich bin Joel und ich möchte euch von meiner ganz besonderen Freundschaft zu einem Elefanten erzählen.
Ich war noch ein kleiner Junge und spielte immer nach dem Mittagessen am Fluss in der Nähe unseres Dorfes. In der heißen Mittagssonne hielt ich mich gerne am Fluss auf. Es war dann immer leer dort und so friedlich. Die hohen starken Bäume warfen ihren Schatten über das sprudelnde Wasser, welches sich um die Steine im flachen Flussbett kräuselte. Mit meinen nackten Füßen balancierte ich über die Steine und versuchte dabei, nicht nass zu werden. Oft versuchte ich, Fische zu fangen, oder jagte den Schmetterlingen hinterher. Manchmal lag ich auch einfach nur faul auf den großen Steinen herum und döste vor mich her. Am Fluss fühlte ich mich immer wohl, denn es gab immer etwas zu entdecken.
An diesem besonderen Tag, von dem ich euch berichten möchte, gab es etwas ganz Besonderes zu entdecken. Etwas, das mein Leben veränderte.

Ich kam zu meiner liebsten Stelle am Fluss und da

sah ich ihn. Er stand tief im Wasser und trank in großen Schlucken, als würde er sonst verdursten. Er war überglücklich, genoss das Wasser und spritzte es hoch in die Luft. Er war so voller freudiger Hingabe für das frische Wasser, wie es wohl nie ein Mensch hätte sein können. Ich war davon selbst so beeindruckt, dass ich mich auf der Stelle anstecken ließ und ebenfalls so euphorisch wurde. Ohne Angst ging ich direkt auf ihn zu. Vom ersten Augenblick an wusste ich, dass ich keine Angst haben brauchte. Das Wasser spritzte in die Höhe und fiel wie ein warmer Sommerregen wieder herunter. Ich breitete meine Arme aus, um diese Dusche zu genießen. Ich freute mich und lachte laut.

Es war Liebe auf den ersten Blick, die sich zu einer tiefen Freundschaft entwickelte. Zwischen mir und einem Elefanten. In meinem ganzen Leben habe ich nie wieder so eine innige Freundschaft geführt, wie damals mit diesem Elefanten.

Er lebte einige Monate bei uns und gehörte einfach mit zur Familie. Bis er eines Morgens verschwunden war. Ich suchte überall nach ihm. Lief am Fluss entlang, rief im dichten Regenwald nach ihm, suchte das Dorf ab und die Felder, aber er war nicht

zu finden. Ich wartete auf ihn – Tage, Wochen und Monate. Aber er kam nicht zurück.
Ich war nie wieder in meinem Leben so traurig und erschüttert wie zu dieser Zeit. Wo war er nur? Wie konnte er mich verlassen? Er hatte mich ganz allein gelassen. So plötzlich und endgültig. Aus meiner tiefen Trauer wurde mit den Monaten Wut. Meine Enttäuschung wandelte sich in blanke Wut. Das half mir irgendwie dabei, darüber hinwegzukommen. Mit den Jahren verflog dann irgendwann diese Wut. Ich konnte mich nur noch an die schönen Zeiten erinnern und an die tiefe Freundschaft. Das Gefühl der bedingungslosen Liebe, die ich für diesen Dickhäuter empfunden hatte.
Später dann wurde mir bewusst, dass mich diese Erfahrung stark gemacht hatte. Ich hatte gelernt, mit Enttäuschung und Verlust umzugehen. Es war eine sehr harte, aber lehrreiche Lektion für mich. Es zeigte mir, dass auch die größten und härtesten Krisen wieder vergehen und dass am Ende alles gut wird. Wenn es noch nicht gut ist, ist das Ende noch nicht erreicht.
Aus diesem Grund schreibe ich diesen Brief, denn vor einigen Tagen ist etwas Besonderes geschehen.

Ich arbeitete auf dem Feld, so wie es mein Vater vor mir und sein Vater vor ihm getan hatten. Die Sonne stand hoch und schien mit großer Kraft. Im Schatten der hohen Bäume hatte ich meinen Eimer mit Wasser stehen. Ich wollte gerade ein paar Schlucke trinken, als ich ein Rascheln aus dem Unterholz vernahm. Sofort spannte sich jeder Muskel in meinem Körper an, um im Notfall sofort loslaufen zu können. Ich lauschte und versuchte, die Quelle der Geräusche ausfindig zu machen. Dann wieder ein Rascheln und Knacken von zerbrechenden Ästen und kleinem Gehölz. Etwas bewegte sich auf mich zu. Aus einem unerklärlichen Grund hatte ich keine Angst, eher eine Art vertrautes Gefühl. Diese Geräusche kamen mir bekannt vor.

Und dann erkannte ich, warum mir diese Geräusche so vertraut waren. Aus den dichten Büschen schauten mich zwei große dunkle Augen an. Er war es. Sofort erkannte ich diese großen, runden und vertrauten Elefantenaugen. Sofort wusste ich, woher mir die Geräusche bekannt vorkamen. Augenblicklich fühlte ich mich in der Zeit zurückversetzt. Ich bin wieder der kleine Junge. Der kleine Joel. Ich sehe vor meinem geistigen Auge, wie ich auf seinem

Rücken durch den Regenwald reite. Ich sitze ganz hoch oben und kann mit meinen Händen nach den hohen Ästen greifen. Die Schmetterlinge flattern um meinen Kopf und ich fühle mich sicher und geborgen.
Er kam langsam auf mich zu und ich streckte ihm meine Arme entgegen. Wie durch ein magnetisches Band gezogen, hielt es mich nicht mehr auf der Stelle und ich ging ihm schnell entgegen. Ich drückte mich an ihn und legte meine Arme um seinen Hals. Er legte seinen Rüssel um mich, und von diesem Moment an konnte ich meine Tränen nicht länger zurückhalten.

Es fühlte sich gut und vertraut an, als ob uns keine Jahre trennen würden. Ich schaute in seine großen Augen und sah, dass auch er weinte. Dicke Tränen kullerten aus seinen Augen.

Wieder raschelte es hinter uns, und voller Erstaunen erblickte ich eine Elefantenkuh, die aus dem Unterholz auf uns zukam. Ganz langsam und zaghaft. Dann musste ich zweimal hinsehen und blinzeln, damit ich mir ganz sicher sein konnte, dass ich mich nicht vergucke, um zu realisieren, dass dort hinter ihr ein kleiner Babyelefant hergetrottet kam. Er wirkte tapsig und noch leicht unsicher auf seinen kurzen Beinchen.
Dieser Anblick erfüllte mich mit so viel Liebe und Freude. Ich war so glücklich und freute mich so sehr für meinen besten Freund. Gleichzeitig erfüllte es mich mit Dankbarkeit. Dankbarkeit für diesen Moment.
Denn nun verstand ich. Ich verstand nun alles. Er hatte mich nie im Stich gelassen. Ich war immer in seinen Gedanken. Das hat er mir mit diesem Besuch erklären wollen. Er wollte, dass ich verstehe, was passiert war. Er wollte, dass ich verstehe, wie wichtig

ich ihm bin. Ich verstand ihn, wie ich es immer getan hatte und es immer tun werde.

Joel

Elefanten gehören zu den gefährdeten Tierarten und werden nach wie vor wegen des Elfenbeins gejagt und getötet.

Sie haben kaum natürliche Feinde, nur der Mensch macht immer noch gnadenlos Jagd auf Elefanten, obwohl der Elfenbeinhandel in den meisten Ländern verboten wurde. Zusätzlich sind sie durch den schrumpfenden Lebensraum bedroht, weil er von Menschen zunehmend zerstört und besiedelt wird.

Durch die Wilderei wurden die Elefantenbestände in vielen Teilen Indiens, Afrikas und Südostasiens zwischenzeitlich stark dezimiert. Obwohl sich die Populationen wieder etwas erholt haben, befürchten viele Tierschützer, dass die großen Elefantenherden, zum Beispiel in der freien Wildbahn Afrikas, innerhalb des nächsten Jahrzehnts verschwunden sein könnten.

Glücklichsein ist eine Entscheidung!

WISSENSBRINGER VERLAG

Der WissenbringerVerlag bringt noch mehr spannendes Wissen.
Zum Thema Menschenkenntnis erhalten Sie von Gereon Jörn - Dem Menschler® die Fähigkeit sich selbst einzuschätzen und andere Menschen für sich zu gewinnen.

Buch „Achte auf´s Gedachte“ von Gereon Jörn
mit täglichen motivierenden Lektionen zum Thema
Menschenkenntnis, Ziele und Zufriedenheit
ISBN 978-3-9816114-5-8

CD oder DVD, LIVE-Mitschnitt von Gereon Jörn
„Gewinne die Menschen“ inkl. ausführlichen
Handouts zum Herunterladen
ISBN 978-3-9816114-2-7

Audio CD inkl. Arbeitsbooklet „Umsatz Menschler“
Das Grundlagen-Hörbuch mit vielen Aha-Effekten
und praktischen Übungen von Gereon Jörn

Erfahre und erlebe
was in dir steckt!

Gereon Jörn - Der Menschler®

Audio CD „Verkaufen beginnt beim Nein“
Das Lehrprogramm zum Profiverkäufer.
von Gereon Jörn
ISBN 978-3-9816114-1-0

Buch „Verkaufen beginnt beim Nein“
inkl. Trainings-CD sowie vielen
praktischen Übungen von Gereon Jörn
ISBN 978-3-9816114-0-3

Du erhältst diese Produkte im Buchhandel,
im Online-Shop oder unter www.menschler.com.

Mein Anspruch an mich selbst ist es jeden Tag glücklich zu sein. Das gelingt jedoch nicht an jedem Tag. An den Tagen, an denen es nicht gelingt, bin ich dankbar dafür, dass ich mein Glück, an den Tagen an denen es gelingt, um so mehr zu schätzen weiß.

Aileen Jörn